Brücke

Deutsche Grammatik für Anfänger

[
ブリュッケ
──初級ドイツ語文法・ふかくわかりやすく──
]

Naoya Kinoshita

Shizuo Nitchu

Masakatsu Okamoto

Yusuke Sugiuchi

Ryoko Onoma

Tomomi Shirai

Jens Ostwald

ASAHI Verlag

——— 音声サイト URL ———

https://text.asahipress.com/free/german/brucke/

装丁—矢萩多聞
イラスト—小熊未央

はじめに

　この本ははじめてドイツ語を学ぶ学生を対象にした初級文法の教科書です。

　4月に意欲に燃えてドイツ語を学びはじめたのに、動詞や名詞の変化を覚える負担から、前期の半ばで早くも挫折感を覚え、熱意が薄れてしまう残念なケースが多々あります。

　その対応として「やさしい」ことを掲げた教科書が昨今は増えています。そうした教科書では、例えば、①文法の細かい説明を減らす。②文法項目のうち難しいものは別仕立てにする。③表を中心に色使いや字の大きさ、太さを変え、ビジュアル的に理解できるようにする・・・といった工夫がなされています。

　私たちも②、③はこの傾向に倣いつつも、根本的には違うコンセプトによって教科書を作ってみました。①については、まず説明を減らし簡素化して「やさしく」するよりも、むしろ学習者と同じ目線になって、「わかりやすく」導いてあげることが大事なのではないかと考えました。従って、重要だと思える点については、むしろ、（網羅的に提供する知識を増やすのではなく！）丁寧で多面的な説明をすることを心がけました。従来の教科書とは少し違った説明文があるのもそういった理由からです。③のビジュアル的な工夫も、全体が相互参照的なネットワークになるように徹底させました。

　①についても、従来型の構成全体を見直し、独自の異なった配列で文法項目を並べてあります。つまり、（1）一方で、カットする項目については大胆に、（2）他方で、扱う項目の並べ方については斬新さをもってという考え方を基本に文法項目を組み立て直しました。こうした順序の変更はコンヴェンショナルな教科書のもつ合理性とはときに背反しますが、私たちは何より「学生目線」という点を大事にしようと考えました。

　（1）について。例えば、「不定冠詞類」の使用上の重要性は「定冠詞類」より上位にあると考え、本文では扱っていません。また、学生の負担と混乱を招きやすい「形容詞の変化」についても同様です。「接続法」も第2式のみを取り上げています。もちろん、こうしたものを補足的に学べるように、後ろの ➕ ✎Plus! 文法 でこれらを扱っています。

　（2）について。動詞系の変化（Konjugation）と名詞系の変化（Deklination）を両輪に、ジグザグに並べて進んでいく従来型に対し、前者を太い一本の柱として貫く項目の配置にしました（それは後者の方が学生の負担感が増していると考えるためでもあります）。

　L.1の動詞の現在人称変化を頭として出し、そのあと手足となる基本材料を整えた後は、L.5〜L.10まで動詞系の変化で背骨を一気に通していることが特徴です。しかし同時に、前期に学生の意欲を萎えさせる理由になることの多い「不規則変化動詞、命令形」をL.9に持ってきているというのもあまり見られない独自の配置です。

　さて、この教科書のもう一つの特徴として、副題に「ふかく」とあるように、少し踏み込んだ「深い」内容の話も盛り込んだ点があります。かつて我々が学生時代に大学で初級ドイツ語を学んだとき、英語よりはるかに複雑な文法項目が出てきても、その意味は問わず、とにかく頭から覚える「丸暗記」の学習をしましたが、教える身になってみると、「どうしてそうなのか」ということをきちんと説明し、納得した上で覚えてもらうのが筋であり、学生の既修の英語の知識を補助線として引けば理解の手助けになるのではという考えに至りました。

　各課の終わりにある「ドイツ語のなぜ？」や後ろの ➕ ✎Plus! コメント はそういう意図から設けたもので、やや難しい話になったところもありますが、初級文法の教科書でこのようなことまで書いているものは私たちの知る限りほぼないように思います。

　ドイツ語の学習が機械的で無味乾燥なものにならないように、また、言葉もそれぞれの歴史や文化を担っていることに学生が気づくための橋わたしになることを願って、教科書のタイトルも **Brücke** としました。

　結果としては、一律に「やさしく」するのではなく、はじめての学習者には「わかりやすく」、もっと学んでみたくなった人には「ふかく」分け入ることのできる、学習者のニーズに応じた幅のある教科書になったと自負しています。

著者一同

目　　次

学生のみなさんへ─この教科書の使い方─

この教科書では、有機的に、また体系的にみなさんがドイツ語を学べるような工夫がしてあります。様々なアイコンやマークを使って、見てわかりやすいようになっています。以下に説明をしますので、ぜひそれらをうまく利用して、学習が効果的にできるように役立てて下さい。

● **各課（Lektion）の練習問題（Übungen）について**

全部で5つの形式から構成されています（1─4は各4問ずつ）。5は原則3セット）

1 ⒶⒷⒸ ⇒その課で学んだ文法項目の確認練習

2 📖 ⇒ドイツ語文の日本語訳

3 ▭▶ ⇒日本語文のドイツ語訳

4 🎧 ⇒聴きとり練習

5 🏃 ⇒会話練習

● **本文のアイコン、マークについて**

🔻 ここがポイント ⇒その前の表や説明などで把握しておくべきいちばん重要な点をわかりやすく記述してあります。本文の説明は基本的には「である」調ですが、「ここがポイント」では「ですます」調で書いてあります。

➤ ⇒短く補足的な説明をつけ加えたりヒントなどを示すときのマークです。字のポイントは小さくしてあります。

☛ ⇒このマークでは本文中の関連する項目を相互に参照するようにという指示を頁数で示してあります。

➕ Plus! 文法 ⇒本文で扱わなかった文法項目について後ろの Plus! というセクションでまとめて取り上げています。本文中には参照すべきその項目のナンバーと頁数が示してあります。

➕ Plus! コメント ⇒その課で扱った文法項目について、さらに踏み込んだ、いわば「語学談義」のような興味深い話に触れています。ですので語りかける口調になっています。

また Plus! セクションでは、その中で学んでおくことを薦めるレギュラーの項目には特にしるしを付していませんが、さらに上の中級レベルと考えられる項目には stepUp のアイコンが付いています。

 健太とザビーネのドイツ語の「なぜ」？

各課の終わりにコラム風におかれたコーナーです。

日本人の留学生の健太はドイツの大学でドイツ語学を学んでいます。なかよしのザビーネはドイツ語と英語の比較言語学やドイツ語史に詳しい大学院生で、健太はいつもザビーネにあれこれ質問して知識を深めようとしています。

必ずしも簡単な内容ではないかもしれませんが、そんな二人の会話からみなさんも語学についての何かのヒントを発見したり、「そうだったのか」と頷いてもらえる箇所が少しでもあれば嬉しく思います。

＊＊＊＊＊

「ドイツ語のなぜ？」や「Plus! コメント」等の作成にあたっては、熊本大学文学部名誉教授の荻野蔵平先生（ドイツ語・ドイツ語史）と法政大学文学部教授の大澤ふよう先生（英語・英語史）のお二人から多くのご教示を頂きました。この場をお借りしてお礼を申し上げます。

Das Alphabet

A	**a**	aː	**Q**	**q**	kuː
B	**b**	beː	**R**	**r**	ɛr
C	**c**	t͜seː	**S**	**s**	ɛs
D	**d**	deː	**T**	**t**	teː
E	**e**	eː	**U**	**u**	uː
F	**f**	ɛf	**V**	**v**	faʊ
G	**g**	geː	**W**	**w**	veː
H	**h**	haː	**X**	**x**	ɪks
I	**i**	iː	**Y**	**y**	ýpsilɔn
J	**j**	jɔt	**Z**	**z**	t͜sɛt
K	**k**	kaː			
L	**l**	ɛl	**Ä**	**ä**	ɛː
M	**m**	ɛm	**Ö**	**ö**	øː
N	**n**	ɛn	**Ü**	**ü**	yː
O	**o**	oː			
P	**p**	peː	**ß**	**ß**	ɛs-t͜sét

★2017年より大文字のβを使って綴ることもできるようになりました。

🎧 Lektion 0 ドイツ語の発音

1 発音の原則

① アクセントは最初の母音におく（外来語などは例外）

② 基本的にローマ字読み

Hilfe 助け　　Onkel おじ　　Kunst 芸術

③ アクセントのある母音の長短

・アクセントのある母音の後の子音が1つなら、その母音は伸ばして読む（長音）

haben 持っている　　Name 名前　　gut 良い

・アクセントのある母音の後の子音が2つ以上続くなら、その母音は短く読む（短音）

kalt 冷たい　　denken 考える　　bitte どうぞ（英：*please*）

➤ なお、ドイツ語では名詞は普通名詞であっても文中においてもすべて大文字で書き始める。

🎧 【発音練習】

a	[aː] [a]	Gabel	フォーク	danken	感謝する
e	[eː] [ɛ] [ə]	geben	与える	Bett	ベッド
i	[iː] [ɪ]	Titel	表題	Tinte	インク
o	[oː] [ɔ]	rot	赤い	kommen	来る
u	[uː] [ʊ]	Hut	帽子	Luft	空気

🎧 2 注意すべき母音

① aa, ee, oo のように同じ母音が続くと長音になる。

Aal うなぎ　　Tee 紅茶　　Boot ボート

② 母音＋h の場合、h は読まず、前の母音を長く読む。（英語の *knife, comb* の k, b のように、ドイツ語で唯一発音しないことがある文字）

fahren 乗り物で行く　　ihn 彼を　　Kuh 雌牛

③ ウムラウト（変母音）の読み方

ä [ɛː] [ɛ]　　aの口の形でeと発音する　　Träne 涙　　Gäste 客（複数形）　　Hände 手（複数形）

ö [øː] [œ]　　oの口の形でeと発音する　　Flöte 笛　　hören 聞く　　können 〜できる（英：*can*）

ü [yː] [ʏ]　　uの口の形でiと発音する　　grün 緑色の　　üben 練習する　　Hütte 小屋

二重母音

au	[aʊ]	[アォ]	Baum 木　kaufen 買う　Ausnahme 例外
ei	[aɪ]	[アイ]	Bein 脚　Eis 氷、アイスクリーム　nein いいえ
ie	[iː]	[イー]	Liebe 愛　Miete 家賃　tief 深い
eu	[ɔʏ]	[オイ]	heute 今日　Leute 人々　neu 新しい
äu	[ɔʏ]	[オイ]	Bäume 木々（複数形）　Gebäude 建物　träumen 夢を見る

🎧 3 注意すべき子音

語末 / 音節末の -er, -r の母音化 [ɐ]　あまり口を大きく開けず、軽く [ア] と読む。

Leder 皮　Mutter 母　Eltern 両親　/　Tür ドア　Tier 動物

j	[j]	ヤ行の音	Japan 日本　jeder いずれの…も（英：*every*）　Juli 7月
s	[z]	［ズ］s の後に母音が続く場合	sagen 言う　Sahne クリーム　sehen 見る
	[s]	［ス］s の後に母音が続かない場合	Gast 客　Kurs コース
v	[f]	［フ］	Vater 父　Vogel 鳥　Volk 民衆
	[v]	ただし、外来語の場合は v は濁って読む	November 11月　Vase 花瓶
w	[v]	［ヴ］	Wasser 水　wir 私たちは　Wein ワイン
z	[ts]	［ツ］	Mozart モーツァルト　Zauber 魔法　Zoo 動物園

j, v, z は英語では濁る音だが、ドイツ語では濁らない。**w** は英語では濁らない音だがドイツ語では濁る。

ß/ss	[s]	［ス］	groß 大きい　Fußball サッカー　essen 食べる　Fluss 川

発音は同じ［ス］だが、**ß** は子音1つ、**ss** は子音2つになるので、その前の母音の長短が異なってくる。

語末の -b, -d, -g [p] [t] [k] は濁らず、［プ］［ト］［ク］と発音する。ただし、これらの子音が語頭に置かれたり、その後に母音が続く場合には濁って読む。

b	[p]		Kalb 子牛　Herbst 秋 / [b] Blume 花　Kürbis かぼちゃ
d	[t]		Kind 子供　und そして（英：*and*）/ [d] drei 3（数字）　Kinder 子供たち（複数形）
g	[k]		Tag 日（英：*day*）　Jagd 狩猟 / [g] Gnade 恩寵　Tage 日（複数形）

語末の -ig の場合は [iç]［イヒ］billig 安い　König 王様

-ng の場合は英語の *young* [ŋ]［ング］のように読む。　jung 若い　singen 歌う　Zeitung 新聞

ch	[x]	［ハ、ホ、フ］a, o, u, au の後　（a, o, u, au の口の形のまま、喉を擦るように息だけ出す）	
		machen する、作る（英：*do, make*）　Nacht 夜 / hoch 高い　Koch コック / Buch 本	
		suchen 探す / auch 〜もまた　Bauch 腹	
	[ç]	［ヒ］上記以外（e, i、ウムラウト付きの母音、子音）の後	
		echt 本物の　Köchin 女性のコック　Milch 牛乳	
chs	[ks]	［クス］	Fuchs キツネ　wachsen 成長する　Dachshund ダックスフント
x	[ks]	［クス］chs と同じ発音	Examen 試験（アクセントは a に）　Taxi タクシー

sch	[ʃ]	［シュ］（英：*wash* の sh の音）	Fisch 魚　Schule 学校　schön 美しい
tsch	[tʃ]	［チュ］（英：*watch* の tch の音）	
		Deutsch ドイツ語　Tscheche チェコ人　tschüs バイバイ	

語頭の sp- の	[ʃp]	［シュプ］	Spanien スペイン　spielen 遊ぶ　Sport スポーツ
語頭の st- の	[ʃt]	［シュト］	stark 強い　Straße 道　Student 学生（アクセントは e に）

pf	[pf]	［プフ］（pufu とならないように）	Apfel リンゴ　Pflicht 義務
qu	[kv]	［クヴ］	Quelle 泉、源泉　Quittung 領収書
		英語は u を濁らず [w] で読んでいるが、ドイツ語は濁って [v] で読む。	

dt, th	[t]	［ト］	Stadt 町　Schmidt シュミット（人名）/
		Theater 劇場（アクセントは a に）　Thema テーマ	
ts, ds, tz	[ts]	［ツ］	nachts 夜に　rechts 右へ / abends 晩に　eilends 急いで /
		jetzt いま　Katze 猫	

> ドイツ語は合成語の多い言語である。2つ（以上）の単語が結びついてできた合成語の場合は、元の単語の語末・語頭の音はそのまま生かされる。

> なお合成語の性については、☞ Lektion 2, 10頁

Kalb 子牛 ＋ Fleisch 肉 → Kalbfleisch 子牛の肉　b の読み方は［p］

Abend 晩 ＋ Essen 食事 → Abendessen 夕食　d の読み方は［t］

Fußball サッカー ＋ Spiel 試合 → Fußballspiel サッカーの試合　sp- の読み方は［ʃp］

wieder 再び ＋ sehen 見る → wiedersehen 再会する　-er の読み方は［ɐ］

【発音練習】

🎧7 ●曜日　Wochentage

Montag	月曜日
Dienstag	火曜日
Mittwoch	水曜日
Donnerstag	木曜日
Freitag	金曜日
Samstag	土曜日
Sonntag	日曜日

🎧8 ●月　Monate （青字がアクセント）

Januar	1月	Juli	7月
Februar	2月	August	8月
März	3月	September	9月
April	4月	Oktober	10月
Mai	5月	November	11月
Juni	6月	Dezember	12月

🎧9 ●季節　Jahreszeiten

Frühling 春　　Sommer 夏　　Herbst 秋　　Winter 冬

🎧10 ●数詞（基数）　Grundzahlen

1 eins	11 elf	21 einundzwanzig
2 zwei	12 zwölf	22 zweiundzwanzig
3 drei	13 dreizehn	30 dreißig
4 vier	14 vierzehn	40 vierzig
5 fünf	15 fünfzehn	50 fünfzig
6 sechs	16 sechzehn	60 sechzig
7 sieben	17 siebzehn	70 siebzig
8 acht	18 achtzehn	80 achtzig
9 neun	19 neunzehn	90 neunzig
10 zehn	20 zwanzig	

100 (ein)hundert　　　　1000 (ein)tausend

＊13-99で、不規則なつづり方になる数字は青色で示してある。

英語同様、まず1から12までを覚える。13から19は英語では -teen となるが、ドイツ語では基本的には10の zehn の前に3〜9をそのままつけて、dreizehn のようにする。以降は10ごとに -zig（英語は -ty）になる。（ただし30は dreißig）

また、その間の数、例えば、21、36、42... などを言うときは、［1の位und10の位］のように言う。英語は23なら twenty three のように［10の位と1の位］のように言うが、ドイツ語は1の位から書き、und（英：and）を入れてから10の位に繋げ、間をあけないで dreiundzwanzig のように1語で書く。英語にも古くは、ドイツ語のような three and twenty という言い方もあった。

> 数詞（序数詞、西暦年号の読み方）については ➕ Plus! 文法 ① 56頁

4

●あいさつ **Grüße**

Guten Morgen!　おはよう	Auf Wiedersehen!　さようなら
Guten Tag!　こんにちは	Tschüs!　バイバイ
Grüß Gott!　こんにちは（南ドイツ、オーストリア）	Bis morgen!　また明日ね
Guten Abend!　こんばんは	Hallo!　ちょっと / もしもし / すみませんが / やあ
Gute Nacht!　おやすみなさい	

Entschuldigen Sie! / Entschuldigung! / Verzeihung!　すみません
− Kein Problem! / Macht nichts!　大丈夫ですよ（平気ですよ）

Danke schön! / Vielen Dank!　ありがとう
− Bitte schön!　どういたしまして

Bitte!　どうぞ / すみません
Gute Reise!　よい旅を！
Viel Spaß!　楽しんで！

Wie geht es Ihnen? / Wie geht's?　お元気ですか？ / 元気？
Danke, gut. Und Ihnen/dir?　ありがとう。元気です。あなた（君）は？
Danke, auch gut.　ありがとう、（同じく）元気です。

健太とザビーネのドイツ語の「なぜ」？

ドイツ語って英語と似てるよね。

英語とドイツ語はどちらもインド・ヨーロッパ語族のゲルマン語派に属する、共通の祖先をもった言語だからね。ゲルマン語起源の語に関して言えば、英語とドイツ語は、発音の規則を異にする「似た」言語と言えるかな。

たとえばどういう規則性があるの？

よく知られている対応は、次のようなもの。「音」と「文字」の対応関係がわかるかな？　英語との関係からドイツ語を見ていくと、きっと面白いね。

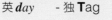

英 *sheep*	- 独 Scha**f**	英 *thing*	- 独 **D**ing
英 *ten*	- 独 **z**ehn	英 *love*	- 独 Lie**b**e
英 *book*	- 独 Bu**ch**	英 *prince*	- 独 Prin**z**
英 *day*	- 独 **T**ag	英 *fish*	- 独 Fi**sch**

Lektion 1 ドイツ語の動詞はすべての人称で変化する

●動詞の現在人称変化① ●動詞の位置（平叙文、疑問文）●動詞 sein の変化

1 人称代名詞（主語）

	単数 (*sg.*)		複数 (*pl.*)	
1人称	ich	私は (*I*)	wir	私たちは (*we*)
2人称（親称）	du	君は (*you*)	ihr	君たちは (*you*)
3人称	er	彼は (*he*)	sie	彼らは／彼女らは／それらは (*they*)
	sie	彼女は (*she*)		
	es	それは (*it*)		
2人称（敬称）	Sie	あなたは (*you*)	Sie	あなたがたは (*you*)

ここがポイント

1. 英語の2人称は *you* だけですが、ドイツ語には **du, ihr, Sie** の3つがあります。

2. **sie**（*she*）, **sie**（*they*）, **Sie**（*you*）と耳では「ズィー」と聞こえる人称が3つありますが、**sie**（*she*）と **sie**（*they*）は次の 2 で学習するように動詞の形が異なります。

3. 2人称親称は心理的に親しい（近い）間柄（家族、友人、子供、ペット、神、学生同士など）に、敬称は心理的に親しくない（遠い）間柄（学生⇔先生、友人ではない大人同士など）に用います。

2 動詞の現在人称変化

13

動詞の不定形（不定詞）＝**語幹**＋ en。この en の部分が変化する。

trinken（飲む）の例

ich	—— e	wir —— en
du	—— st	ihr —— t
er/sie/es	—— t	sie —— en
Sie —— en		

ich	trinke	wir trinken
du	trinkst	ihr trinkt
er/sie/es	trinkt	sie trinken
Sie trinken		

➤ 語幹が -t, -d で終わる動詞は、人称語尾が -st や -t のとき、発音しやすくするために語幹と人称語尾の間に e が入ります。arbeiten（働く）の例：du arbeitest, er/sie/es arbeitet, ihr arbeitet

【発音上の工夫が必要な動詞】【語尾が -n で終わる動詞】については ➕ / Plus! 文法 ① ② 56, 57頁

ここがポイント

単数形・複数形の敬称2人称の **Sie**（*you*）と3人称複数の **sie**（*they*）の動詞の形は同じです。

3 文の構成

14

(1) 平叙文：動詞は2番目におく。

Ich **lerne** Deutsch.　　私はドイツ語を学んでいます。

Heute **kommt** er nicht.　今日彼は来ません。

ここがポイント

2番目というのは、単語ではなく文の成分として、という意味です。例えば、Jeden Morgen **joggt** sie.（毎朝彼女はジョギングをする）の場合は jeden Morgen という副詞句をまとめて1つの成分と考えます。

(2) **決定疑問文**（答えに *yes* か *no* かの決定を要求する疑問文）：動詞＋主語〜？の順

　　答え方：*yes* は **ja**, *no* は **nein**。 否定の場合は否定辞（**nicht**：英 *not*）が入る。

　　　　　Lernst du auch Deutsch?　君もドイツ語を学んでいますか？（auch 〜もまた：英 *also*）
　　　　　－ Ja, ich lerne Deutsch.　はい、私もドイツ語を学んでいます。
　　　　　－ Nein, ich lerne nicht Deutsch（sondern Spanisch）.
　　　　　　いいえ、私はドイツ語を学んでいません（そうではなく、スペイン語を学んでいます）。

➤　nicht A, sondern B は英語の *not A but B* に相当する。「A ではなく、B である」

⬇ **📝 ここがポイント**

　ドイツ語には一般動詞を使った疑問文、否定文に英語の *do, does, did / don't, doesn't, didn't* に相当するものはありません。

(3) **疑問詞のある疑問文**：疑問詞＋動詞＋主語〜？の順

┌─ **疑問詞** ─────────────────────────────┐
│ **wo** どこに / で（*where*）　**woher** どこから（*where ... from*）　**was** 何が、何を（*what*） │
│ **wie** どのように、どのぐらい（*how*）　**wer** 誰が（*who*）　**wann** いつ（*when*）など │
└────────────────────────────────────┘

　Was lernt er?　彼は何を学んでいますか？ － Er lernt Chinesisch.　彼は中国語を学んでいます。
　Wer kommt heute?　誰が今日来るのですか？ － Heute kommt Sophia.　ゾフィアが今日来ます。

　Wo wohnt sie? － Sie wohnt in Frankreich.
　彼女はどこに住んでいますか？ － 彼女はフランスに住んでいます。
　Woher kommst du? － Ich komme aus Österreich.
　君はどこ出身ですか？ － 私はオーストリア出身です。

4 sein（〜です、〜がある　英：*be*）の現在人称変化　🎧
15

ich	bin	wir	sind
du	bist	ihr	seid
er/sie/es	ist	sie	sind
	Sie	sind	

Er ist Student.　　　　　　彼は大学生です。
Sie ist Studentin.　　　　　彼女は大学生です。
Wir sind müde.　　　　　　私たちは眠いです。
Bist du Japaner?　君は日本人ですか？ － Nein, ich bin Koreaner.　　いいえ、私は韓国人です。

⬇ **📝 ここがポイント**

　Er/Sie ist Student/Studentin.（英：*He/She is a student.*）この場合、ドイツ語では身分、職業を表す名詞は無冠詞で使われます。また、身分や職業名に付けられた語尾 **-in** は女性形を表します。
　女性形ではウムラウトすることもあります。たとえば **Arzt**（男性の医者）/ **Ärztin**（女性の医者）
　なお、A＝B（A は B である）という構文では B も1格です。A＝B の＝には sein/werden/bleiben が入ります（bleiben 〜のままである）。

7

Übungen 1

1 ABC [　　] 内の動詞を適切な形にして（　　）に入れなさい。

1. Sie (　　　　　　　　　) freundlich. [sein]　彼女は親切です。

2. Er (　　　　　　　　　) sehr gut Fußball. [spielen]　彼はサッカーをするのが上手です。

3. Ich (　　　　　　　　　) Blumen. [lieben]　私は花が好きです。

4. Er (　　　　　　　　　) jeden Tag. [arbeiten*]　彼は毎日働いています。

＊☞6頁 **2** の➣

▼ 🔖 ここがポイント

　ドイツ語では動詞との結びつきの強い文の成分が後ろにおかれます。例えば、2. の **Fußball** のような目的語は副詞句 **sehr gut** より後におかれます。

2 📖 和訳しなさい。

1. Was machst du heute? (was 何を、machen する、heute 今日)

2. Sie trinkt gern Kaffee. (gern 好んで、Kaffee コーヒー)

3. Reist du gern? ‒ Ja, ich reise sehr gern. (reisen 旅行する、sehr とても)

4. Jeden Nachmittag spiele ich Klavier. (jeden Nachmittag 毎日午後、spielen 弾く、Klavier ピアノ)

3 ✏ ドイツ語にしなさい。

1. 君は何を買うのですか？ ‒ 私はじゃがいもを買います。（買う kaufen，じゃがいも Kartoffeln ※ Kartoffel の複数形）

2. 毎晩彼は音楽を聴きます。（毎晩 jeden Abend，聴く hören）

3. あなたは大学生ですか？ ‒ いいえ、私は大学生ではなく教師です。（教師 Lehrer/Lehrerin）

4. 君たちはお腹が空いていますか？ ‒ はい、私たちはお腹が空いています。（お腹が空いている Hunger haben）

🎧 **4** 🎧 （　　）の中の単語の音を聴きとり、埋めなさい

16

1. Spielen (　　　　　　　) Tennis?

2. (　　　　　　), ich (　　　　　　) Tennis.

3. Wann (　　　　　　) er?

4. Sie (　　　　　　) heute nicht.

パートナーと会話をしてみましょう。次に下線部を変えて言ってみましょう。

17

A：Wie heißt du? （君の名前は何というの？）

B：Ich heiße Sophia. （ゾフィアだよ。）

> 自分の名前を言いましょう。

A：Woher kommst du? （君はどこの出身なの？）

B：Ich komme aus Frankreich. （フランス出身だよ。）

> **Deutschland** ドイツ、**England** イギリス、**Spanien** スペイン、**Italien** イタリア、
> **Japan** 日本、**China** 中国、**Korea** 韓国

A：Wo wohnst du? （君はどこに住んでいるの？）

B：Ich wohne in Wien. （ウィーンだよ。）

> **Berlin** ベルリン、**London** ロンドン、**Moskau** モスクワ、**Paris** パリ、**Rom** ローマ、
> **Tokio**（**Tokyo**）東京、**Kioto**（**Kyoto**）京都

健太とザビーネの ドイツ語の「なぜ」？

ドイツ語の動詞は **-en** で終わり、すべての人称で変化するね。

英語も昔は3つの人称グループに分け、それらと動詞の変化を呼応させていたよ。中英語（*Middle English*）の時代では複数形に *-en* がついていて、やがて *-n* も消えた。実は *love, make* などは発音しない *e* を保ったまま今に至っている語なんだよ。

英語の動詞は3人称単数現在形に *s* がつくけど、ドイツ語では **t** だよね。

英語に残った語形変化は3人称単数現在形の *-s* だけだけど、これは同じ語源の *-eth* が最終的にはドイツ語では **-t** に、英語では *-eth* が北部方言の *-es* に駆逐され、結局 *-s* になったわけ。古英語（*Old English*）の *love* にあたる語の現在形では1人称は *-e*, 2人称は *-st* で終わっているんだよ。ドイツ語みたいじゃない？

9

Lektion 2　名詞の性と格を示すのが冠詞の役割

●名詞の性と格　●複数形　●冠詞　●重要動詞 haben と werden の変化

🎧 18　1 名詞の性と格

　名詞には性（男性名詞、女性名詞、中性名詞）があり、役割に応じて1格、2格、3格、4格がある。性と格に応じて、その名詞につく冠詞（定冠詞、不定冠詞）の形が異なる。

　たとえば、英語の *the father, the mother, the child* にあたるドイツ語は **der** Vater 男, **die** Mutter 女, **das** Kind 中 となる。定冠詞の単数1格は性により der, die, das の3種類あるが、複数になると同じ die という冠詞になる。

　なお、2つ以上の名詞を組み合わせた合成語の性は最後の名詞の性に従う。

　（例）Stadt 女 街＋ Plan 男 図面→ Stadtplan 男 シティマップ

⬇ 〈ここがポイント〉

　性とは「文法上の性」で、すべての名詞にあります。

➤ 【文法上の性と自然の性】については ➕ 〈Plus! コメント〉 ① 71頁

🎧 19　2 複数形

　名詞の複数形は名詞の語尾に **-** （語尾なし 例 die Mutter 母 → die Mütter）, **-e** （例 das Jahr 年 → die Jahre）, **-er** （例 das Wort 言葉→ die Wörter）, **-(e)n** （例 die Frau 女性 → die Frauen）, **-s** （例 das Auto 車 → die Autos）をつけてつくる5つの型がある。冠詞は複数形の定冠詞 die をつける。

➤ 【複数形のウムラウトと型の一覧】については ➕ 〈Plus! 文法〉 ① 57頁

🎧 20　3 冠詞

(1) 定冠詞（英：*the*）の格変化

	男性名詞	女性名詞	中性名詞	複数名詞
1格（〜は / が）	der　Vater	die　Mutter	das　Kind	die　Kinder
2格（〜の）	des　Vaters	der　Mutter	des　Kind(e)s	der　Kinder
3格（〜に）	dem　Vater	der　Mutter	dem　Kind	den　Kindern
4格（〜を）	den　Vater	die　Mutter	das　Kind	die　Kinder

定冠詞は直後の名詞が「特定のもの」であることを表す。

Die Lehrerin （女性1格） lobt **den** Schüler （男性4格）. その（女性の）先生はその生徒をほめる。

Sie schenkt **dem** Lehrer （男性3格） **die** Blumen （複数4格）. 彼女はその先生にその花をプレゼントする。

2格の使い方には注意が必要である。

　① 修飾したい名詞の後ろから前の名詞にかける。

　　das Buch **der** Studentin　その（女子）大学生 女 の本 中

　　der Wagen **des** Vater**s**　その父親の車（Wagen 男 車）

　② 男性名詞、中性名詞には（所有者となる）名詞の語尾に -s または発音上の理由により -es をつける。女性名詞、複数名詞には何もつかない。

➤ 【2格の -s と -es の付与の規則性】については ➕ 〈Plus! コメント〉 ② 71頁

　なお、複数名詞の3格には -n がつく。

⬇ 〈ここがポイント〉

　冠詞の語尾変化は **-e, -er, -es, -em, -en** 。（ただし定冠詞では女性・複数1、4格は die、中性1、4格は das）

辞書にはたとえば、Kleid 中 -(e)s/-er「ドレス」のように、最初にその名詞の性、次にスラッシュ（/）の左側に単数2格の語尾、スラッシュの右側に複数形の語尾、と表記される。

3人称単数の人称代名詞 er, sie は「彼、彼女」と**人間**を受ける場合だけではなく、**物**を指す場合も、der Tisch（男 机）→ er、die Tasche（女 バッグ）→ sie のように「文法上の性」に一致させる。

(2) 不定冠詞（英：*a, an*）の格変化

	男性名詞	女性名詞	中性名詞	複数名詞
1格（〜は / が）	ein△　Vater	eine　Mutter	ein△　Kind	Kinder
2格（〜の）	eines　Vaters	einer　Mutter	eines　Kind(e)s	Kinder
3格（〜に）	einem　Vater	einer　Mutter	einem　Kind	Kindern
4格（〜を）	einen　Vater	eine　Mutter	ein△　Kind	Kinder

不定冠詞は直後の名詞が「不特定のひとつ」であることを表す。

不定冠詞の語尾も **-e, -er, -es, -em, -en** のいずれかになるが、男性1格、中性1、4格で語尾がつかない（表の△のところ）。

不定冠詞は「ひとつの」という意味ももつので、不定冠詞の複数形はないが、名詞は無冠詞複数になる。つまり、ein Kind の複数形は Kinder。

➤ 【ドイツ語の冠詞の役割】については ✚ Plus! コメント ③ 71頁

4 重要動詞 haben と werden の変化
(1) haben「〜を持っている」（英：*have*）

21

ich	habe	wir	haben
du	hast	ihr	habt
er/sie/es	hat	sie	haben
Sie haben			

Die Studentin **hat** ein Handy und einen Computer.　その大学生は携帯 中 とコンピュータ 男 を持っている。
Sie **hat** Hunger.　彼女はおなかがすいている。（空腹 男 をもっている）
Ich **habe** eine Schwester und zwei Brüder.　私は姉（妹）女 がひとりと兄（弟）複 がふたりいます。
なお、haben は完了形をつくる助動詞ともなる。（☞ Lektion 6 ■ 26頁）

(2) werden「〜になる」

ich	werde	wir	werden
du	wirst	ihr	werdet
er/sie/es	wird	sie	werden
Sie werden			

du と er で不規則、ihr では発音しやすくするための工夫として口調上の e が入る。
Du **wirst** dick.　君は太る。
Er **wird** Student.　彼は学生になる。
なお、werden は未来形や受動文をつくる助動詞ともなる。（☞ Lektion 7 ④ 31頁、Lektion 8 ② 35頁）

➤ 【nicht の位置】については ✚ Plus! 文法 ② 57頁
➤ 【男性弱変化名詞】については ✚ Plus! 文法 ③ 58頁

Übungen 2

1 (ABC) 次の文の（　）には適切な定冠詞を、[　]には適切な不定冠詞を入れなさい。

1. Das ist [　　　　] Tasche. （　　　　） Tasche ist sehr schön, aber teuer.
   それはバッグ 女 です。そのバッグはとてもすてきだが、値段が高い。

2. Er schreibt （　　　　） Hotel [　　　　] E-Mail.　彼はそのホテル 中 にメール 女 を書きます。

3. （　　　　） Frau hat [　　　　] Sohn. （　　　　） Katze （　　　　） Sohns ist hübsch.
   その女性 女 には息子 男 がいます。その息子の猫はかわいい。

4. （　　　　） Kind kauft [　　　　] Ansichtskarte （　　　　） Stadt Wien.
   その子供 中 はウィーン市 女 の絵葉書 女 を1枚買います。

2 〰〰 和訳しなさい。

1. Wie viel kostet das Kleid? － Es kostet 9 Euro. （Kleid 中 ドレス）

2. Der Student schickt der Freundin jeden Tag E-Mails. （schicken 送る）

3. Die Firma hat Probleme. Sie braucht viel Geld und Hilfe. （Firma 女 会社、brauchen 必要とする、
   Hilfe 女 援助）

4. Wer kauft das Bett und den Schrank? － Der Mann dort. Er kauft auch den Teppich. （wer 誰が、
   Schrank 男 キャビネット、Teppich 男 カーペット）

▶ ／ここがポイント

　2. の **jeden Tag** （英：*every day*）は時を表す名詞4格を副詞的に使う用法です。

3 ✏▷ ドイツ語にしなさい。

1. その男の弟はスーツを1着買う。（スーツ Anzug 男）

2. 誕生日はいつですか？（誕生日を迎える Geburtstag haben）

3. その大学生は幸せになる。（幸せな glücklich）

4. そのお母さんはその女の子に花をプレゼントする。（女の子Mädchen 中, 花Blumen ※Blume 女 の複数形）

🎧 **4** 🎧 （　　　　） の中の単語の音を聴きとり、埋めなさい。
22

1. Ich suche （　　　　） Bleistift.

2. （　　　　） Ansichtskarte ist teuer.

3. Wie alt （　　　　） du?

4. （　　　　） du Durst?

パートナーと会話をしてみましょう。次に下線部を変えて言ってみましょう。
23

A：Was suchst du?（君は何をさがしているのですか？）

B：Ich suche ein Sofa. Aber das Sofa ist teuer.（ソファーです。でもそのソファーは高いです。）

Bett 中 ベッド、**Tisch** 男 机、**Lampe** 女 スタンド、**Stuhl** 男 椅子
billig 値段が安い、**preiswert** お買い得な、**groß** 大きい、**klein** 小さい

A：Was kaufen Sie der Mutter?（お母さんに何を買うのですか？）

B：Ich kaufe der Mutter eine Ansichtskarte.（お母さんに絵葉書を買います。）

Vater 男 父、**Tante** 女 おば、**Bruder** 男 兄（弟）、**Schwester** 女 姉（妹）

A：Was wird der Schüler(die Schülerin) später?（その生徒は将来何になりますか？）

B：Er(Sie) wird Polizist(in).（彼/彼女は警察官になります。）

➤　-in がつくと女性形になる

Journalist(in) ジャーナリスト、**Lehrer(in)** 教師、**Arzt（Ärztin）** 医者、**Verkäufer(in)** 店員

┌─ 健太とザビーネのドイツ語の「なぜ」？ ─┐

ドイツ語の男性名詞、中性名詞の2格には **-es** がつくけれど、
女性名詞にはつかないよね。

そうだよね、でも英語でも古英語の頃はドイツ語と同じで、
名詞に3つの性があったよ。2格は属格といって、属格には
ドイツ語同様男性名詞と中性名詞に -es がついていて女性
名詞には -e がついたわけ。

それって、意味的には英語の所有を表す -'s を連想するけど、
関係がある？

あるよ。英語史では、古英語の属格（2格）の -es 語尾が現
代英語の所有格の -'s の源泉と言われているよ。女性名詞
の -e も含め他の各語尾は早くに消えたのに、この -es が -'s
となって残った理由にはまだ定説がないけどね。

13

Lektion 3 所有冠詞と否定冠詞は不定冠詞の仲間

●所有冠詞 ●否定冠詞 ●人称代名詞の3・4格

不定冠詞 ein と同じような変化をする冠詞類を**不定冠詞類**と呼ぶ。**所有冠詞**と**否定冠詞**がある。

➤ 定冠詞 der と同じような変化をする定冠詞類については ✚ Plus! 文法 1 58頁

🎧 1 所有冠詞

24

名詞の前について、「私の」、「君の」などの所有関係を表す。

	単数		複数	
1人称	mein	私の（my）	unser	私たちの（our）
2人称（親称）	dein	君の（your）	euer	君たちの（your）
3人称	sein	彼の（his）	ihr	彼らの/彼女らの/それらの（their）
	ihr	彼女の（her）		
	sein	それの（its）		
2人称（敬称）	Ihr　あなた［がた］の（your）			

➤ 【まぎらわしい ihr】について、および【3人称の所有冠詞の性について】は ✚ Plus! コメント 1 2 71頁

所有冠詞は、直後の名詞の性・数・格に応じて、不定冠詞 ein と同じような語尾変化をする。

所有冠詞の格変化（mein の例）

	男性	女性	中性	複数
1格	mein△　Vater	meine　Mutter	mein△　Kind	meine　Kinder
2格	meines　Vaters	meiner　Mutter	meines　Kind(e)s	meiner　Kinder
3格	meinem　Vater	meiner　Mutter	meinem　Kind	meinen　Kindern
4格	meinen　Vater	meine　Mutter	mein△　Kind	meine　Kinder

➤ 不定冠詞 ein と形がよく似ている mein, dein, sein だけでなく、ihr, Ihr, unser, euer も同じように語尾変化する。
特に unser, euer については ✚ Plus! 文法 2 59頁

🔽 ここがポイント

1. 語尾は -e, -er, -es, -em, -en のいずれかです。不定冠詞と同じく、男性1格、中性1・4格の3か所には語尾がありません。👉 Lektion 2 3 10頁
2. 複数名詞につく場合は、定冠詞の語尾変化に準じます。

Wie findest du **meine** Tasche? – Ich finde **deine** Tasche schön.
私のカバン囡 どう思う？ – 素敵だと思うよ。
Wo ist **unser** Zimmer? – **Euer/Ihr** Zimmer ist hier!
私たちの部屋 囲 はどこ？ – 君たちの / あなたがたの部屋はここですよ！
Seine Schwester schenkt **ihrem** Freund ein T-Shirt.
彼の妹（姉）囡 は彼女のボーイフレンドに T シャツ 囲 をプレゼントする。

2 否定冠詞 kein

名詞の前について、それが「ない」ことを表す（英語で *I have no idea.* というときの *no* に相当）。直後の名詞の性・数・格に応じて、不定冠詞 ein と同じような語尾変化をする（複数名詞につく場合は定冠詞の語尾変化に準じる）。

nicht と kein の使い分け

① 不定冠詞 ein のついた名詞や、無冠詞の名詞を否定するとき → kein を使って否定文を作る

Ich habe **ein** Smartphone. → Ich habe **kein** Smartphone.

私はスマートフォン 中 を持っています。→私はスマートフォンは持っていません。

Ich habe am Wochenende Zeit. → Ich habe am Wochenende **keine** Zeit.

私は週末に時間 女 （※無冠詞）があります。→私は週末に時間がありません。

② それ以外のとき → nicht を使って否定文を作る

Ich kaufe den Pullover. → Ich kaufe den Pullover **nicht**.

私はそのセーターを買います。→ 私はそのセーターを買いません。

Ist das dein Computer? – Nein, das ist **nicht** mein Computer, sondern ihr Computer.

それは君のパソコン 男 ですか？ － いいえ、それは私のパソコンではなく、彼女のパソコンです。

ここがポイント

（×）Ich habe ein Smartphone nicht. とか、（×）Ich habe am Wochenende Zeit nicht. などと言うことはできません。

3 人称代名詞の格変化

Lektion 1で学習した人称代名詞も格変化する。

	単数					複数			単数・複数
	1人称	2人称 （親称）	3人称			1人称	2人称 （親称）	3人称	2人称 （敬称）
1格（〜は / が）	ich	du	er	sie	es	wir	ihr	sie	Sie
3格（〜に）	mir	dir	ihm	ihr	ihm	uns	euch	ihnen	Ihnen
4格（〜を）	mich	dich	ihn	sie	es	uns	euch	sie	Sie

➤ 【3人称の人称代名詞と定冠詞の照応関係について】は ✚ Plus! コメント ③ 72頁

Ich wünsche **dir/euch/Ihnen** viel Erfolg!

君 / 君たち / あなたたちに成功を祈っています。

Er liebt **sie** sehr, aber sie liebt **ihn** nicht.

彼は彼女をとても愛しているが、彼女は彼を愛していない。

Verstehst du **mich**? – Nein, ich verstehe **dich** nicht.

私の言っていること分かる？ － いいえ、分かりません。

Übungen 3

1 ABC ( ) に所有冠詞または否定冠詞を入れなさい。

1. ( ) Hobby ist Tanzen.　私の趣味⊞ はダンスをすることです。

2. Kennen Sie ( ) Frau?　彼の奥さん⼥ をご存知ですか？　（kennen 知っている）

3. Wir danken ( ) Freunden sehr.　私たちは私たちの友人たち 複 にとても感謝している。

   （danken ＋ 3格 ～に感謝する）

4. Habt ihr ( ) Idee?　君たちアイディア⼥ 何もないの？

➤ 　3. の **danken** や、**helfen**（下記**2**の1.）、**gehören**（下記**2**の3.）、**gefallen**（下記**3**の4. のような【3格目的
   語をとる注意すべき動詞】）については ➕ Plus! 文法 ④ 59頁

2 和訳しなさい。

1. Helft ihr euren Eltern? – Ja, wir helfen ihnen oft.　（helfen ＋ 3格 ～を助ける、oft しばしば）

2. Kennst du ihn? – Nein, leider nicht. Ich glaube, sie kennt ihn.　（leider 残念ながら、glauben ～
   と思う）

3. Wem gehört der Laptop? – Er gehört uns.　（wem 誰に、Laptop 男 ノートパソコン、gehören ＋
   3格 [ある物が]～のものである）　※ wem については ➕ Plus! 文法 ⑤ 60頁

4. Hast du eine E-Mail-Adresse? – Ja, ich gebe sie dir gleich.　（E-Mail-Adresse ⼥ 電子メールア
   ドレス、gleich すぐに）

↘ **ここがポイント**

geben（与える）、**schenken**（贈る）、**bringen**（持っていく）、**zeigen**（示す）など、動詞の中には3格目的語と4格
目的語を両方取るものがあります。このときの3格目的語と4格目的語の語順については ➕ Plus! 文法 ⑥ 60頁

3 ドイツ語にしなさい。

1. 私は彼女に花を買います。　（花 Blumen 複 ※無冠詞で，買う kaufen）

2. 君たちは私たちにチョコレートをくれるの？　（チョコレート Schokolade ⼥ ※無冠詞で，くれる geben）

3. あなたはワインを飲みますか？ － いいえ、飲みません。　（ワイン Wein 男 ※無冠詞で，飲む trinken）

4. 彼のお母さんはその靴を気に入っていますか？ － いいえ、彼女はそれを気に入っていません。　（お母さ
   ん Mutter ⼥, 靴 Schuhe 複, [物などが] ～の気に入る gefallen ＋ 3格）

④ （　　）の中の単語の音を聴きとり、埋めなさい。　
27

1. Was kauft sie （　　　　） Vater zum Geburtstag? – Sie kauft （　　　　　） eine Krawatte.

2. Hast du Hunger? – Nein, ich habe （　　　　） Hunger.

3. Kennst du （　　　　） ? – Ja, ich kenne （　　　　） !

4. Ich danke （　　　　） für （　　　　） E-Mail.

 ⑤ パートナーと会話をしてみましょう。次に下線部を変えて言ってみましょう。　
28

A : Ist das <u>dein Computer</u>? （これは君のパソコンですか？）

B : Ja, das ist <u>mein Computer</u>. （はい、これは私のパソコンです。）

A : Hast du <u>ein Fahrrad</u>? （君は自転車を1台持っていますか？）

B : Nein, ich habe <u>kein Fahrrad</u>. （いいえ、持っていません。）

> **Fernseher** 男 テレビ、**Uhr** 女 時計、**Motorrad** 中 オートバイ

A : Wem schenkst du <u>die Blumen</u>? （この花を誰にプレゼントするの？）

B : Ich schenke <u>sie</u> <u>meiner Mutter</u>. （私のお母さんにプレゼントするんだ。）

> A : **Bilderbuch** 中 絵本、**Tasche** 女 カバン、**Ring** 男 指輪
> B : **Bruder** 男 兄(弟)、**Freundin** 女 女友達、**Großeltern** 複 祖父母

健太とザビーネのドイツ語の「なぜ」？

どうしてドイツ語には格変化なんていうものがあるの？

ドイツ語は名詞につけた冠詞や代名詞を格変化させることで、その名詞や代名詞（を含む句）が文中でどのような役割を果たしているかを示しているんだよ。

そういうことか。それならドイツ語の格変化は、機能的には、日本語でいう格助詞「てにをは」と等しいということになるね。

そう。日本語では名詞・代名詞の後につけた格助詞で、ドイツ語では名詞の前につけた冠詞の格変化や人称代名詞それ自体の格変化で、それから英語ではその名詞・代名詞（句）を文のどの位置に置くかで名詞（句）の文中での役割を示しているよね。

Lektion 4 前置詞が名詞・代名詞の格を決める

●前置詞　●非人称の es

🎧 1 前置詞
29

前置詞のあとには特定の格（2格・3格・4格）の名詞・代名詞が来る。前置詞が名詞・代名詞の格を規定するので、これを前置詞の格支配という。

➤ 【2格支配の前置詞】については ➕／Plus! 文法 ① 60頁
➤ 【2格支配の前置詞の由来】については ➕／Plus! コメント ① 72頁

(1) 3格支配の前置詞

aus 〜（の中）から	**bei** 〜の近くに、〜のところで、〜の際に	**mit** 〜と一緒に、〜で〔手段〕
nach 〜へ、〜のあとで	**seit** 〜以来	**von** 〜から、〜の	**zu** 〜（のところ）へ　など

Nach dem Mittagessen geht sie **mit** dem Hund **zu** ihrem Großvater.
昼食 中 のあとに彼女は犬 男 を連れて彼女の祖父 男 のところに行く。
Seit einem Monat arbeitet er **bei** einer Firma.　ひと月 男 前から彼はある会社 女 で働いている。

⬇ ここがポイント

1. 「〜へ」を表す前置詞 **nach** と **zu** は使い分けます。
   nach ＋地名
   nach Berlin　ベルリンへ（例外：**nach** Hause　家へ）
   zu ＋人、建物、催しなど
   zu dem Arzt　その医者 男 へ、**zu** dem Bahnhof　その駅 男 へ、**zu** der Party　そのパーティー 女 へ、
   zu ihr　彼女のところへ　ただし **zu** Hause　家で（英：*at home*）

2. 「〜から」を表す前置詞 **aus** と **von** も使い分けます。
   aus：「〜（の中）から」（英：*out of* 〜）　**aus** dem Gebäude　その建物 中 の中から
   　　　：「出身、出自」　**aus** Japan　日本の出身（日本製・産）
   von：「起点」　**von** Japan **nach** Deutschland　日本からドイツへ

(2) 4格支配の前置詞

durch 〜を通って	**für** 〜のために	**gegen** 〜に逆らって	**ohne** 〜なしで
um 〜のまわりに、〜時に〔時刻〕　など			

Die Leute demonstrieren **für** den Frieden **gegen** den Krieg.
人々は平和 男 のために戦争 男 に反対するデモをする。
Mein Mann reist **ohne** mich **durch** die Welt.　私の夫は私を連れずに世界 女 中を旅している。
Ich komme heute **um** 23 Uhr nach Hause.　　私は今日の23時に帰宅する。

(3) 3・4格支配の前置詞（空間のさまざまな位置を規定する全部で9つの前置詞）

an 〜のきわ	**auf** 〜の上	**hinter** 〜の後ろ	**in** 〜の中	**neben** 〜の横
über 〜の上方	**unter** 〜の下	**vor** 〜の前	**zwischen** 〜の間	

「場所」を示すときは3格支配、「運動の方向」を示すときは4格支配になる。

3格支配→場所　Er ist **in der** Bibliothek.　　彼は図書館 [女] にいる。

4格支配→方向　Er geht **in die** Bibliothek.　彼は図書館に行く。

➤ 【3・4格支配の前置詞における場所と方向】については ➕ ╱Plus! 文法 [2] 60頁

(4) 前置詞と定冠詞の融合形

an dem → **am**	an das → **ans**	bei dem → **beim**	in dem → **im**

in das → **ins**　　von dem → **vom**　　zu dem → **zum**　　zu der → **zur**　など

Heute Abend geht er **ins** Konzert.　今晩、彼はコンサート [中] に行く。

ここがポイント

1. 前置詞と定冠詞を融合させない場合、定冠詞の指示性が強調されます。

Heute Abend geht er **in das** Konzert.　今晩、彼は**その**コンサートに行く。

2. **in den** ～, **auf die** ～など、男性4格、女性4格、複数形の定冠詞との融合形はありません。

➤ 【前置詞と事物を指す代名詞の融合形】については ➕ ╱Plus! 文法 [3] 60頁

2 非人称の es（英：*it*）

人称代名詞の es が特定の中性名詞を受けるのに対して、特定の名詞を指示することのない es を「非人称の es」という。

(1) 天候

Es regnet stark.　　　雨が激しく降っている。

Draußen schneit **es**.　外は雪が降っている。

Heute ist **es** heiß.　　今日は暑い。

➤ 【非人称の es の省略】については ➕ ╱Plus! 文法 [4] 61頁

(2) 時刻

Wie spät ist **es**? / Wie viel Uhr ist **es**?（英：*What time is it?*）　何時ですか？

Es ist acht Uhr.（英：*It is eight o'clock.*）　8時です。

(3) 熟語表現

es geht ＋ 3格 ＋ 副詞　　「～の調子は～だ」

Wie **geht es** dir/Ihnen?　（お）元気（ですか）？

Danke, **es geht** mir gut.　ありがとう、元気です。

es gibt ＋ 4格　（英：*there is/are* ～）「～がある、～が存在する」

Gibt es hier eine Bank?　このあたりに銀行 [女] はありますか？

➤ 【非人称の es　言語と文化】については ➕ ╱Plus! コメント [2] 72頁

Übungen 4

1 ⒶⒷⒸ 前置詞の格支配に注意して、（　　）に定冠詞を入れなさい。

1. Nach （　　　　） Abendessen lernt er für （　　　　） Prüfung.
   夕食中 のあとに彼は試験囡 のために勉強する。
2. Wir fahren mit （　　　　） Bus durch （　　　　） Stadt.　私たちはバス男 で町囡 を通っていく。
3. Ein Lindenbaum steht vor （　　　　） Haus.　1本の菩提樹の木が家中 の前に立っている。
4. Der Vater legt das Foto seiner Familie auf （　　　　） Tisch.
   お父さんは彼の家族の写真を机男 の上に置く。

2 📖 和訳しなさい。

1. Im Sommer steige ich jedes Jahr auf einen Berg. （steigen 登る、Berg 男 山）

2. Am Sonntag geht sie um 10 Uhr in die Kirche. （Kirche 囡 教会）

3. Am Nachmittag spielen wir Fußball. （Fußball サッカー）

4. Gibt es hier in der Nähe ein Kaufhaus? （hier in der Nähe この近くに、Kaufhaus 中 デパート）

➤ 1. の「夏に」という場合は、前置詞 in と定冠詞の融合形を使い im Sommer となる。👉「季節」は4頁
➤ 2. の「日曜日に」、3. の「午後に」などという場合は、前置詞 an と定冠詞の融合形を使い am Sonntag、am Nachmittag となる。👉「曜日」は4頁

3 ✏ ドイツ語にしなさい。

1. 授業のあとに私は私の祖父母のところへ行く。（授業 Unterricht 男, 祖父母 Großeltern 複, 行く gehen）
   ※「授業のあとに」を文頭に

2. 1年前から彼女は彼女の姉のところに住んでいる。（1年 ein Jahr 中, 姉 Schwester 囡, 住んでいる wohnen）　※「1年前から」を文頭に

3. クッションがソファーの上にある。（クッション Kissen 中, ソファー Sofa 中, ある liegen）

4. お母さんは車をガレージに入れる。（母親 Mutter 囡, 車 Auto 中, ガレージ Garage 囡, 入れる stellen）

🎧 **4** 🎧（　　　　） の中の単語の音を聴きとり、埋めなさい。
31

1. Ich fahre （　　　　） München.
2. Eine Katze liegt （　　　　） dem Tisch. （Katze 囡 猫、liegen 横たわる、Tisch 男 机）
3. Kommen Sie （　　　　） Italien?
4. Jeden Morgen kauft sie （　　　　） Bäcker Brot. （jeden Morgen 毎朝、Bäcker 男 パン屋、Brot 中 パン）

20

5 パートナーと会話をしてみましょう。次に下線部を変えて言ってみましょう。

32

A : Wo ist die Apotheke?（薬局 [女] はどこですか？）

B : Sie ist neben der Post.（郵便局 [女] の隣です。）

A/B : **Kirche** [女] 教会、**Restaurant** [中] レストラン、**Buchhandlung** [女] 本屋、
　　　Supermarkt [男] スーパーマーケット
B : **vor** 〜の前、**hinter** 〜の後ろ、**bei** 〜の近く、**zwischen（〜 und 〜）**（〜と〜）の間

A : Wohin gehst du?（君はどこに行くの？）※動詞の変化にも注意すること

B : Ich gehe auf den Marktplatz.（マルクト広場 [男] に行きます。）

A : **sie** 彼女、**er** 彼、**ihr** 君たち、**sie** 彼ら
B : **zur Schule** [女] 学校、**ins Theater** [中] 劇場、**nach Hause** 家、**ans Meer** [中] 海

A : Wie spät ist es jetzt?（今何時ですか？）

B : Es ist siebzehn Uhr zehn.（17時10分です。）※24時間制

　　Es ist zehn nach fünf.（5時10分過ぎです。）※12時間制

11.55 Uhr, 14.15 Uhr, 18.30 Uhr, 21.45 Uhr
Viertel 4分の1（15分）、**vor** 〜前、**nach** 〜過ぎ、**halb** 2分の1（30分）

➤　【数詞】は4頁、【時刻表現】については ➕ 📖 Plus! 文法 [5] 61頁

健太とザビーネの ドイツ語の「なぜ」？

ドイツ語の3・4格支配の前置詞は英語の前置詞ともよく似てるね。in は同じだし。

前置詞はヨーロッパの多くの言語（印欧語）の特徴でもあるよ。音の変化が追えるものも多いし。**unter** - *under* は **t**-*d*、**über** - *over* は **b**-*v* の子音の対応が見られるね。

ああ、たしかに。ドイツ語では **in** のような3・4格支配の前置詞の場合は、3格は場所、4格は方向を表してるでしょ。**in** の4格支配は移動の方向を表すので、英語だと *into* かな？

うん、英語も古英語では、前置詞の後に来る名詞の格で「場所」と「方向」を区別してたよ。与格（3格）の名詞が来ると、「その場所内で」という意味で、対格（4格）の名詞が来ると「〜へ」という運動の方向性を表してた。*in* については、格による区別の代わりに16世紀頃 *in* と *to* から派生した *into* が「方向」を表す語彙として定着したっていうことね。

Lektion 5 動詞の過去形も現在形同様すべての人称で変化する

●動詞の3基本形　●動詞の過去人称変化

🎧
33
① 動詞の3基本形

動詞の不定詞（語幹＋en）、過去基本形、過去分詞を動詞の3基本形という。規則変化と不規則変化とがある。
（──の部分は語幹）

	不定詞	過去基本形	過去分詞
規則動詞 （弱変化）	── en	── te	ge ── t
	wohnen 住む	wohnte	gewohnt
	arbeiten 働く	arbeitete	gearbeitet

➤ arbeiten のように語幹が **-d** や **-t** などで終わる動詞は、あとに -t が続くときには発音をしやすくする工夫として現在形同様口調上の e を入れて語尾をつける。Lektion 1 ➕ Plus! 文法 ① (1)56頁

	不定詞	過去基本形	過去分詞
不規則動詞① （強変化）	── en	──*	ge ──(*) en
	trinken 飲む	trank	getrunken
	kommen 来る	kam	gekommen
	gehen 行く	ging	gegangen

➤ 過去基本形の＊は幹母音が変わることを、過去分詞の（＊）は幹母音が変わる場合と変わらない場合があることを意味している。【動詞の変化の3つの型】については ➕ Plus! 文法 ① 62頁

	不定詞	過去基本形	過去分詞
不規則動詞② （混合変化）	── en	──* te	ge ──* t
	wissen 知っている	wusste	gewusst
	bringen 持っていく	brachte	gebracht

➤ この変化は規則動詞の ── te （過去基本形), ge ── t （過去分詞）の変化を基本としながらも幹母音が変わる。また幹母音は過去基本形と過去分詞で同じになる。 ➕ Plus! 文法 ① 63頁
➤ 【主要不規則動詞】については ☞ 76頁の変化表
➤ また【英語の不規則動詞】については ➕ Plus! コメント ① 72頁

🔽 ここがポイント

英語では「過去形」というのに対し、ドイツ語では「過去**基本形**」といいます。その理由は、英語の場合は人称に関わらず過去形は変化しないのに対し、ドイツ語ではさらに人称に応じた語尾をつけるので、あくまで「基本の形」だからです。次の ② でその人称変化を学びます。

重要動詞の3基本形

不定詞	過去基本形	過去分詞
sein（〜である）英：*be*	war	gewesen
haben（持っている）英：*have*	hatte	gehabt
werden（〜になる）英：*become*	wurde	geworden

ここがポイント

1. （　　　）内の不定詞の日本語訳はあくまで動詞としての意味で、この3つの動詞は助動詞としても使います。

2. werden は未来形と受動文の助動詞としても使われる重要な動詞です。☞ Lektion 7 ④ 31頁、Lektion 8 ② 35頁

② 動詞の過去人称変化

34

▶過去人称変化

▶過去形の変化語尾

──は過去基本形	
ich	──
du	──st
er/sie/es	──
wir	──(e)n
ihr	──t
sie/Sie	──(e)n

不定詞	規則動詞 kaufen 買う	不規則動詞 nehmen 取る	bringen もっていく	sein	haben	können 英：*can*
過去基本形	kaufte	nahm	brachte	war	hatte	konnte
ich	kaufte	nahm	brachte	war	hatte	konnte
du	kauftest	nahmst	brachtest	warst	hattest	konntest
er/sie/es	kaufte	nahm	brachte	war	hatte	konnte
wir	kauften	nahmen	brachten	waren	hatten	konnten
ihr	kauftet	nahmt	brachtet	wart	hattet	konntet
sie/Sie	kauften	nahmen	brachten	waren	hatten	konnten

➤ 変化語尾の複数形の wir と sie/Sie が過去形では -(e)n となっているのは、過去基本形が e で終わる場合は -n、それ以外は -en となることを意味している。

Damals **lernte** ich Deutsch und **besuchte** drei Jahre eine Sprachschule.
当時私はドイツ語を学んでいて、ある語学学校に3年間通った。　※ lernen, besuchen とも規則動詞

Rotkäppchen **ging** in den Wald. Dort **traf** es den Wolf. Dieser **sagte**: ... (ging < gehen, traf < treffen)
赤ずきんちゃんは森へ行きました。そこで狼に出会いました。この狼は言いました…
➤ 動詞の現在人称変化と過去人称変化については ✚ Plus! コメント ② 73頁

ここがポイント

過去形は過去の事象に対して距離をとった客観性の強い表現で、したがって**報告調の文**、たとえば、ニュースのアナウンサーの語り、新聞の文章、あるいは小説での語り手の文などに使われます。

これに対して現在完了形（☞ Lektion 6 ① 26頁）は過去の事でも**気もちが主観的に現在までつながっている**ようなときに使うので、**日常会話（メールなども含む）**はこちらを使うことが多いです。

Übungen 5

1 ⬛ＡＢＣ 次の不定詞の過去基本形、過去分詞形を書きなさい。（＊がついているのは不規則動詞）

1. lernen 学ぶ ー（　　　　　　　）ー（　　　　　　　）

2. essen* 食べる ー（　　　　　　　）ー（　　　　　　　）

3. sehen* 見る ー（　　　　　　　）ー（　　　　　　　）

4. wissen* 知っている ー（　　　　　　　）ー（　　　　　　　）

2 📖 次の現在形の文の下線の動詞を過去形に人称変化させ、früher（以前は）で始まる文にして、

和訳しなさい。（＊がついているのは不規則動詞）

1. Wir <u>wohnen</u> in den USA und <u>haben</u>* ein Haus.

2. Du <u>hast</u>* viel Zeit, aber ich <u>habe</u>* keine Zeit.

3. Sie <u>ist</u>* Chefin einer Firma und <u>verdient</u> viel Geld.（Chefin 囡 社長、Firma 囡 会社、verdienen （金を）稼ぐ）

4. Er <u>fliegt</u>* oft nach Europa und besucht Ruinen der Antike.（Ruine 囡 -n 覆 廃墟、遺跡、Antike 囡 古代）

3 ✏️ ドイツ語にしなさい。（過去形で書くこと。）

1. 君はかつて中国にいたことがありますか？ ー はい、あります。（かつて einmal, 中国 China）

2. 彼は昨日彼の友達といっしょに卓球をしました。（昨日 gestern, 友達 Freund 男, いっしょに mit、卓球 Tischtennis, する spielen（英：*play*））

3. 君たちは一昨日一日中家にいたのですか？ ー はい、いました。（一昨日 vorgestern, 一日中 den ganzen Tag, 家に zu Hause）

4. 彼らはスーパーマーケットへ行き、肉と野菜を買いました。（スーパーマーケットへ zum Supermarkt, 肉 Fleisch・野菜 Gemüse ※どちらも無冠詞で, 買う kaufen）

🎧
35 **4** （　　　）の中の単語の音を聴きとり、埋めなさい。

1. Früher（　　　　）ich einen Hund.

2. Sie（　　　　）gestern 18 Jahre alt.

3. （　　　　）Sie letzte Woche Prüfungen?（letzte Woche 先週、Prüfungen 試験 ※Prüfung 囡 の複数形）

4. Ich（　　　　）gestern bis 14 Uhr mit meinem Freund im Café und（　　　　）danach in die Bibliothek.

パートナーと会話をしてみましょう。次に下線部を変えて言ってみましょう。

36

A：Wohntest du im letzten Jahr bei deinem Freund 男 / deiner Freundin 女 ？（君は去年は彼氏／

彼女のところに住んでたの？）（bei＋3格）

B：Ja, ich wohnte bei ihm/ihr.（うん、彼氏／彼女のところに住んでたよ。）　※【人称代名詞の格変化】につ

いては Lektion 3 3 15頁

> er 彼、sie 彼女、Sie あなた、bei seinem/ihrem/Ihrem Bruder 男 兄（弟）と、bei seiner/ihrer/
> Ihrer Schwester 女 姉（妹）と、bei seinem/ihrem/Ihrem Onkel 男 おじさんのところに

A：Wo warst du gestern？（君は昨日はどこにいたのかな？）

B：Ich war gestern zu Hause. Ich hatte Fieber.（昨日は家にいたよ。熱があったんで。）

> er 彼、sie 彼女、Sie あなた、Kopfschmerzen 頭痛、Magenschmerzen 胃の痛み、
> eine Erkältung 女 かぜ、einen Schnupfen 男 鼻かぜ

A：Wurde er/sie eigentlich Arzt/Ärztin？（そもそも彼/彼女は医者になったのですか？）

B：Nein, er/sie wurde Lehrer(in).（いいえ、先生になりました。）

➤ -in がつくと女性形になる

> Pilot(in) パイロット、Politiker(in) 政治家、Rechtsanwalt(-anwältin) 弁護士、
> Fußballspieler(in) サッカー選手

健太とザビーネのドイツ語の「なぜ」？

22頁および
Plus! コメント 72頁

弱変化・強変化って変わった言い方だね。

ドイツ語、英語を含む印欧語では現在、過去、過去分詞で語幹の母音を入れ替えることで形を変えて違う文法機能を表してた。それが後になって **-te, ge-t** という新しい方式ができたんだ。母音の交替には力強さや有機的生命が感じられるのに、新方式はそうでなかったんだね。それで、**stark**（強い）と **schwach**（弱い）ということになったの。混合変化はいまでは不規則動詞に分類されているけれど、元々は規則変化だったのね。

なるほどね。でも、自然にそんな強だの弱だのっていう言い方が出たとも思えないのだけど。

そうだよね。実はね、この命名は言語学者でかの有名な童話集を編集したグリム兄弟の兄の方のヤーコプによるものなんだよ。

Lektion 6 過去の事柄は過去形ではなく現在完了形で

●現在完了形　●接続詞　● zu 不定詞

🎧 1 現在完了形
37

　現在完了形は、現在ある事柄が完了していることを表す。現在完了形は、完了の助動詞 haben/sein の現在人称変化を平叙文の定動詞の位置（2番目）に、過去分詞を文末に置いてつくる。このような定動詞と文末に置かれた過去分詞と結びつきの強い要素でつくる構造を枠構造という。【枠構造】については ➕ ╱Plus! 文法 ① 63頁

完了の助動詞 haben/sein　　　過去分詞

Ich [habe] gestern in der Bibliothek [gelernt].　　私は昨日、図書館で勉強をしました。

Ich [bin] gestern in die Bibliothek [gegangen].　　私は昨日、図書館に行きました。

└─────── 枠構造 ───────┘

➤　ドイツ語の現在完了形は完了・経験・結果のほか、**英語とは異なり過去も表す**ので、gestern（昨日）のような過去の一時点を表す副詞と用いることができる。一方、英語の完了形が表す継続はドイツ語では現在形で表す。（Ich bin seit 3 Stunden in der Bibliothek.　私は3時間前から図書館にいる。）

haben か sein か
大部分の動詞は助動詞 haben を用いて完了形をつくる。
sein を用いるのは**場所の移動や状態の変化**を表す自動詞に限られる。

┌─ **sein をとる自動詞の例** ─────────────────────────┐
1. 場所の移動を表す動詞　　gehen 行く、kommen 来る　など
2. 状態の変化を表す動詞　　werden なる、sterben 死ぬ　など
3. 例外　　　　　　　　　　sein である、bleiben とどまる　など
➤　他動詞、再帰動詞、話法の助動詞、上記を除く大部分の自動詞は haben を用いる。
└──┘

【sein と bleiben の sein 支配】については ➕ ╱Plus! コメント ① 73頁
Sind Sie schon mal in Deutschland gewesen?　　　あなたはドイツに行ったことがありますか？
Internetverbindungen sind viel schneller geworden.　インターネット回線はとても速くなりました。

🔽 ╱ここがポイント
　辞書の表記　haben を使う動詞は **lernen** 他 **(h), sein** を使う動詞は **gehen** 自 **(s)**などと表示されます。

26

2 接続詞

接続詞を使うと2つの文を結びつけることができる。従属接続詞を文頭に、定動詞を文末に置いてつくる副文を、主文（定動詞が2番目の文）の前か後に置くことで2つの文を結びつけることができる。

┌─ 従属接続詞 ─
weil …であるから　**obwohl** …にもかかわらず　**dass** …ということ
ob …かどうか　**wenn** もし…ならば　**als** …したときに　など
└

文1　Er kommt heute nicht.　　彼は今日は来ません。
文2　Er lernt in der Bibliothek.　彼は図書館で勉強します。

⬇

主文 + 副文　<u>Er kommt heute nicht,</u>　　　weil er in der Bibliothek lernt.
　　　　　　　　　主文　　　　　　　　　　　　　　　　副文

　　　　　　　　　　　　　　　　　　　彼は今日は図書館で勉強するので来ません。

副文＋主文　　Weil er in der Bibliothek lernt,　　kommt er heute nicht.
　　　　　　　　　　　副文　　　　　　　　　　　　　主文

 ここがポイント

副文は主文の**語句ではなく文の形をとった**1成分です。そのため副文が主文の前に置かれると、**副文（＝成分1）**の次に来るのは**主文の定動詞（2番目）**です。

3 zu 不定詞

動詞の不定詞（辞書の形）と目的語や修飾語を組み合わせた表現を**不定詞句**という。

nach München **fahren**　ミュンヘンへ行く
➤　英語とは異なり動詞は最後に置かれる。

不定詞句の動詞の前に zu をつけると **zu 不定詞句**ができる。
nach München **zu** fahren　ミュンヘンへ行くこと

┌─ **zu 不定詞（句)**は文の主語や 目的語、付加語として用いることができる。─
（主語）「〜することは …」　In Deutschland **zu** studieren ist mein Traum.
　　　　　　　　　　　　ドイツに留学することは私の夢です。
　　　　　　　　　　　　➤　zu 不定詞句は3人称単数扱い

（目的語）「〜することを …」　Ich erlaube dir(,) **zu** gehen.
　　　　　　　　　　　　私は君に行くことを許可します。

（形容詞）「〜する …」　　　Ich habe keine **Zeit**, Fußball **zu** spielen.（Zeit への付加語）
　　　　　　　　　　　　私はサッカーをする時間がありません。
└

Übungen 6

1 Ⓐ🄱🄲 (　　) 内に適切な接続詞を選択肢から選んで入れなさい。

1. Die Kinder spielen im Park, (　　　) es regnet.　雨が降っているにもかかわらず、子供たちは公園で遊んでいます。

2. (　　　) es regnet, lerne ich zu Hause.　もし雨が降ったら、私は家で勉強します。

3. Ich weiß nicht, (　　　) er Deutsch spricht.　彼がドイツ語を話すかどうか、私は知りません。

4. Ich weiß, (　　　) er Englisch spricht.　彼が英語を話すことを、私は知っています。

> **wenn** もし…ならば、**obwohl** …にもかかわらず、**dass** …ということ、**ob** …かどうか

※【従属接続詞と並列接続詞】については ➕ / Plus! 文法 ② 63頁

2 📖 和訳しなさい。

1. Hast du heute Zeit, mit mir ins Kino zu gehen? (Kino 中 映画館)

2. Er hat keine Lust, seiner Mutter zu helfen. (Lust 女 ～したい気持ち)

3. Ich bitte Sie, mir zu antworten. (bitten お願いする、antworten 返事をする)

4. Keine Sorgen zu haben ist gesund. (Sorge 女 心配事、gesund 健康的)

⬇️ / ここがポイント

4. のように **zu** 不定詞句を主語として使用する場合、コンマは打ちません。
【dass 副文と zu 不定詞句】については ➕ / Plus! 文法 ③ 63頁

3 ✏️ ドイツ語にしなさい。(1. と 2. は現在完了形で書くこと。)

1. 君は昨日の晩、何を食べたの？ (昨晩 gestern Abend, 食べる essen (h))

2. 彼は去年ドイツに飛行機で行きました。(去年 letztes Jahr, 飛行機で行く fliegen (s))

3. 君は映画館に行く時間がある？ (映画館に行く ins Kino gehen, 時間がある Zeit haben)

4. 世界一周旅行をするのが私の母の願いです。(世界一周旅行をする eine Reise um die Welt machen, 願いを持っている den Wunsch haben)

🎧 **4** 🎧 (　　) の中の単語の音を聴きとり、埋めなさい。

40

1. Ich (　　　) zwei Karten für ein Konzert gekauft.
2. Er (　　　) zum Konzert zu spät gekommen.
3. Gestern (　　　) ich 19 Jahre alt geworden.
4. Er (　　　) ein Geburtstagsgeschenk für mich.

⬇️ / ここがポイント

4. のように日常会話で「～しました」と過去の事態を表現したい時は過去形ではなく現在完了形を使います。ただし、**sein, haben**、話法の助動詞 (👉 Lektion 7, 30頁とその ➕ / Plus! 文法 ③ 65頁) に関しては過去形が使われます。

5 パートナーと会話をしてみましょう。次に下線部を変えて言ってみましょう。
41

A：Bleibst du heute zu Hause? （君は今日家にいるの？）

B：Nein, ich bin gestern zu Hause geblieben. （いいえ、私は昨日家にいました。）

> **Deutsch lernen (h)** ドイツ語を勉強する、**ins Kino gehen (s)** 映画館に行く、
> **Klavier spielen (h)** ピアノをひく、**nach Berlin kommen (s)** ベルリンに来る

A：Ich weiß, dass du viel Geld hast. （私は君がたくさんお金を持っていることを知っています。）

B：Ich weiß, dass du viel lernst. （私は君がたくさん勉強していることを知っています。）

> **gut Tennis spielen** 上手にテニスする、**früh ins Bett gehen** 早めに寝る、
> **viel Obst essen** 果物をたくさん食べる、**viel lesen** たくさん本を読む、**lang schlafen** 長く寝る

A：Lehrer zu werden ist mein Traum. （先生になるのが私の夢です。）

B：Ein Schnabeltier zu sehen ist mein Traum. （カモノハシを見るのが私の夢です。）

> **deutsches Brot backen** ドイツパンを焼く、**gut singen** 上手に歌う、
> **die ganze Welt bereisen** 世界中を旅する、**Fußballprofi werden** プロサッカー選手になる

🔻 ✏️ ここがポイント

副文や **zu** 不定詞句を先取りして、副文や **zu** 不定詞句が入る位置（主語・目的語）に **es** を置くことがあります。訳すときは、**es** の位置に副文や **zu** 不定詞句を入れます。

【副文および zu 不定詞句の相関詞 es】については ➕ ✏️ Plus! 文法 ④ 64頁

┤健太とザビーネのドイツ語の「なぜ」？├

 完了の助動詞には **haben** に加え **sein** もあるけど、どういう使い分けなのかな。

 haben で完了形をつくるときは、「主語が目的語のものを、受動的な完了状態で所有している」（読まれた状態としての本を持っている）**[Ich] habe [das Buch gelesen]** という形で、そして、**sein** で完了形をつくるときは、「主語が、過去分詞で表される場所の移動や状態の変化の完結状態にある」（京都に行ってしまった人である）という形で事態を提示してるんだよ。つまり、**[Er] ist [ein Nach-Kyoto-Gefahrener]** ってこと。

 そうか。**haben** は所有、**sein** は「A は B である」の意味だもんね。

●話法の助動詞　●未来形

🎧 ① 話法の助動詞の現在人称変化
42

	dürfen	können	müssen	sollen	wollen	mögen	möchte
ich	darf	kann	muss	soll	will	mag	möchte
du	darfst	kannst	musst	sollst	willst	magst	möchtest
er/sie/es	darf	kann	muss	soll	will	mag	möchte
wir	dürfen	können	müssen	sollen	wollen	mögen	möchten
ihr	dürft	könnt	müsst	sollt	wollt	mögt	möchtet
sie/Sie	dürfen	können	müssen	sollen	wollen	mögen	möchten

🔖 ここがポイント

1. 「話法の助動詞」の「話法」とは、話し手の心的態度を表し、文の内容に対する判断を付け加える働きをします。

2. 英語の助動詞 *can, must* などは主語が変わっても形が変化することはありませんが、話法の助動詞は主語に合わせて人称変化します。このうち不規則な変化は主語が単数形のときのみです。

➤ 【語法の助動詞の現在人称変化と動詞の過去人称変化の類似性】については ➕ 📋 Plus! コメント ① 73頁

3. **möchte** は **mögen** の接続法第2式という特殊な形です。

👉 「接続法第2式」については Lektion 10, 42頁

🎧 ② 構文
43
話法の助動詞が定動詞の位置に置かれて人称変化し、本動詞は不定詞の形で文末に置く。

平叙文

Er spielt gut Gitarre.　　　　　　　彼はギターを上手に演奏します。

↓ können　可能の意味を付け加える

Er (kann) gut Gitarre (spielen).　　彼はギターを上手に演奏することができます。
　　　　└─────枠構造────┘

🔖 ここがポイント

1. 話法の助動詞も枠構造をとります。👉 「枠構造」については Lektion 6 ① 26頁
2. 英語では助動詞のすぐ後ろに動詞の原形が置かれますが、ドイツ語では不定詞が文末に置かれます。

疑問文

(Kann) er gut Gitarre (spielen)?　彼はギターを上手に演奏することができますか？
　　　└─────枠構造────┘

🔖 ここがポイント

決定疑問文は話法の助動詞を文頭に出し、本動詞は不定詞の形で文末に置きます。疑問詞がある場合は、疑問詞が文頭で、話法の助動詞が2番目、不定詞を文末に置きます。

➤ 【話法の助動詞の独立用法】については ➕ 📋 Plus! 文法 ① 64頁

3 話法の助動詞の主な意味

(1) dürfen

許可　[Darf] ich hier [fotografieren]？　　　　　ここで写真を撮ってもよいですか？

（否定で）**禁止**　Hier [darf] man nicht [fotografieren].　ここで写真を撮ってはいけません。

ここがポイント

一般的な人を表す **man**（＝英：*one*）は文脈に応じて「世間の人々は」、「私たちは」など様々に訳すことができますが、
あえて訳さない方が自然な日本語になる場合もあります。

(2) können

可能・能力　Sie [kann] Deutsch [sprechen].　彼女はドイツ語を話すことができます。

可能性　Es [kann] heute wohl [regnen].　　　　今日は雨が降るかもしれません。

(3) müssen

義務　Er [muss] für die Prüfung [lernen].　彼は試験のために勉強しなければなりません。

必然　Der Zug [muss] bald [kommen].　　　その列車はまもなく来るにちがいありません。

(4) sollen

主語以外の意志　Sie [sollen] viel [schlafen].　あなたはたくさん眠るべきです。

伝聞　Der Pianist [soll] im April nach Japan [kommen].

　　　　　　　　　　　　　　　　　　そのピアニストは4月に日本に来るそうです。

(5) wollen

主語の意志　Am Sonntag [will] ich meine Tante [besuchen].

　　　　　　　　　　　　　　　　　日曜日に私はおばを訪ねるつもりです。

(6) mögen

推量　Das Kind [mag] etwa 10 Jahre alt [sein].　その子供は10歳くらいかもしれません。

➤　【本動詞として用いられる **mögen**】については Plus! 文法 ② 64頁

(7) möchte

願望　Im Winter [möchte] ich Ski [fahren].　私は冬にスキーがしたい。

4 未来形

　未来形は未来の物事に対する推量を表現するが、主語の人称に応じて様々なニュアンスを付け加える。
未来形では未来の助動詞 werden が主語に合わせて人称変化し、動詞は不定詞の形で文末に置かれる。

　☞「werden の現在人称変化」は Lektion 2 ④ 11頁

1人称（強い意志）

Für dich [werde] ich alles [tun].　　　　　　君のために私は何でもします。
　　　　　　　　枠構造

2人称（命令・要請）

Du [wirst] jetzt nach Hause [gehen].　　　もう家へ帰りなさい。

3人称（現在の推量）

Unser Chef [wird] noch im Büro [bleiben].　私たちの上司はまだ事務所にいるでしょう。

ここがポイント

「未来」であることがわかる語が入っていたり、実現性の高い未来である場合には、現在形を使うことが多いです。

Nächstes Jahr fliegen wir nach Deutschland.　来年私たちは飛行機でドイツへ行きます。

Übungen 7

1 ABC [   ] の話法の助動詞を適切な形にして（   ）に入れなさい。

1. Ich（   ）zuerst die Stadt besichtigen. [wollen]　私はまずその街を観光するつもりです。

2. Julia（   ）heute zur Party kommen. [können]　ユーリアは今日パーティに来ることができます。

3. Du（   ）zum Zahnarzt gehen. [müssen]　君は歯医者に行かなければならない。

4. Die Ausstellung（   ）sehr schön sein. [sollen]　その展覧会はとても素晴らしいそうです。

2 和訳しなさい。

1. Es wird bald regnen. （bald まもなく、regnen 雨が降る）

　　☞「天候を表す非人称の es」については Lektion 4 **2** 19頁

2. Nach dem Essen möchte ich ein Buch lesen.

3. Hier darf man nicht parken. （parken 駐車する）

4. Er muss jetzt müde sein.

3 ドイツ語にしなさい。

1. 私の兄は車を運転することができます。（車を運転する Auto fahren）

2. 君たちはたくさん運動するべきです。（たくさん viel，運動する Sport machen）

3. 私たちは窓を磨かなければなりません。（窓を磨く die Fenster putzen）

4. トーマスは大学で法律学を勉強するつもりです。
　　（トーマス Thomas，法律学 Jura　※無冠詞で，大学で勉強する studieren）

4 （   ）の中の単語の音を聴きとり、埋めなさい。

46

1. （   ）ich Sie etwas fragen? （etwas 少し）

2. （   ）du schwimmen?

3. Herr Schmidt（   ）ein Auto kaufen.

4. Sie（   ）recht haben. （recht haben 正しい）

5 パートナーと会話してみましょう。次に下線部を変えて言ってみましょう。会話はひと続きになっています。

A：Ich möchte heute <u>ins Kino gehen</u>.（今日映画に行きたいんだ。）

Hast du Lust mitzukommen?（きみは行く気ある？）

☞「分離動詞の zu 不定詞」については Lektion 8 ① 35頁

B：Tut mir leid.（ごめん。）

Heute muss ich <u>ein Referat schreiben</u>.（今日はレポート⊞ を書かなくちゃいけないんだ。）

A：Kannst du am <u>Freitag</u> mitkommen?（金曜は一緒に行ける？）

☞「曜日」は4頁

B：Ja, gern!（うん、いいよ！）

A：**ins Café gehen** カフェに行く、**ins Konzert gehen** 演奏会に行く、
ins Theater gehen 劇場に行く、**ins Museum gehen** 美術館に行く、
in die Oper gehen オペラを聴きに行く

B：**meiner Mutter helfen** 母の手伝いをする、**die Hausaufgaben machen** 宿題をする、
arbeiten 仕事をする、**das Zimmer aufräumen** 部屋を片付ける、
Wäsche waschen 洗濯物を洗う

健太とザビーネのドイツ語の「なぜ」？

 英語にもドイツ語にも未来形と呼ばれる構文があるけど、ドイツ語では単純な未来は現在形で表すよね。英語でも確実な未来は現在形で表すことができるし。未来時制ってなんなんだろう。

 英語で未来を表す *will, shall* はドイツ語の話法の助動詞 **wollen**, **sollen** に対応し、ドイツ語で **werden** が未来を表すのは、話者がその内容を確実だと思っている場合だけ。それに **werden** と一緒に **vielleicht, wahrscheinlich** などの副詞を使うと、その文は現在や未来に対する推量の意味になるね。その場合 **werden** は未来時制を表すというよりも推量を表す話法の助動詞に近くみえるかな。

 英語もドイツ語も「未来」を「話者の意思や推量」との関係で表現するんだね。

Lektion 8 分離動詞の前つづりは動詞にさまざまなニュアンスを加える

● 分離動詞 / 非分離動詞　● 動作受動 / 状態受動

🎧 1 分離動詞と非分離動詞
48
前つづり＋基礎動詞という形の動詞がある。前つづりにより、分離動詞、非分離動詞の二種類にわかれる。

（1）分離動詞

前つづり　基礎動詞
↓　　　↓
auf|stehen（英：*wake up*）起きる　　**アクセントは前つづりに**置かれる。

↳ 辞書の見出し語では前つづりと基礎動詞の間に縦線（分離線）が入っている。

Ich [stehe] morgen um 8 Uhr [auf].　　　　　　私は明日8時に起きる。
　　　　　　枠構造

[Kommt] sie aus München [zurück]?　　　　　　彼女はミュンヒェンから戻りますか？
　　　　　　枠構造

🔽 ここがポイント

1. 主文の定動詞では、前つづりが分離して文末にきます。（枠構造）
2. 分離前つづりは、独立した単語として用いられる語で、代表的なものとしては次のような語があります。

> **an, auf, aus, mit, vor** などの前置詞、**los, weiter, zurück, zusammen** などの副詞、**statt-, teil-**（Statt, Teil）などの名詞

分離動詞が分離しない場合

① 副文で文末に置かれたとき
Ich weiß, dass sie heute aus München zurückkommt.
私は彼女が今日ミュンヒェンから戻ってくるのを知っている。
② 話法の助動詞とともに使われるとき
Er will seinen Plan aufgeben.　彼は自分の計画を放棄しようとしている。

（2）非分離動詞

前つづり　基礎動詞
↓　　　↓
ver•stehen（英：*understand*）理解する　　**アクセントは基礎動詞**に置かれる。

↳ 辞書の見出し語では非分離であることを示すために中黒の点が入っている。

Du **ver**stehst den Sinn ihrer Worte.　　君は彼女の言葉の意味を理解している。
Bekommt er ab Oktober ein Stipendium?　彼は10月から奨学金をもらうの？

🔽 ここがポイント

1. 非分離動詞というように、主文の定動詞で前つづりは分離せず、一語のままです。
2. 非分離前つづりは次の8つです。英語の *reset, discover* の *re-* や *dis-* のように（接頭辞）、それ自体が独立した単語として用いられない語です。

> **be-, emp-, ent-, er-, ge-, ver-, zer-, miss-**

34

(3) 分離動詞、非分離動詞の3基本形と zu 不定詞

	不定詞	過去基本形	過去分詞	zu 不定詞
分離動詞	auf|stehen （起きる / 不規則動詞）	stand...auf	aufgestanden	aufzustehen
非分離動詞	be·suchen （訪問する / 規則動詞）	besuchte	besucht	zu besuchen

① 分離動詞の過去分詞は基礎動詞の過去分詞に前つづりをつける。zu 不定詞は前つづりと基礎動詞の間に zu を入れて一語で書く。☞ Lektion 6 **3** 27頁

② 非分離動詞の過去分詞には ge- がつかない。また、非分離動詞同様、アクセントが最初の母音に置かれない -ieren 動詞（規則動詞 / 主に外来語）も過去分詞に ge- がつかない。

（例）telefon<u>ie</u>ren （電話する）- telefonierte - telefoniert

➤ 【分離する場合としない場合のある前つづり】については 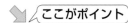 Plus! 文法 ① 65頁

2 受動文

🎧 49

（1）動作受動

「～する」に対し、「～される」という意味になる文が受動文（動作受動）である。

受動の助動詞 werden ＋ 過去分詞（文末） という**枠構造**をとる。

ここがポイント

動作受動文の助動詞は英語の「*be*+ 過去分詞」の連想で **sein** であると勘違いしやすいですが、**werden** です。

能動文　Die Presse[1] lobt den Film[4].　新聞雑誌 男 はその映画 男 をほめる。

受動文

- 現在形 Der Film[1] [wird] von der Presse[3] [gelobt].　　　その映画は新聞雑誌によってほめられる。
　　　　　　　　　　　枠構造

- 過去形 Der Film [wurde] von der Presse [gelobt].　　　その映画は新聞雑誌によってほめられた。
　　　　　　　　　　　枠構造

能動文の4格が受動文では1格として主語になり、能動文の主語は受動文では von ＋ 3格で「～によって」の意味になる。（von~ は英語の *by~*）

von ＋ 3格は行為者が明確な場合に使うので、明確でない場合には不要である。例えば、man （英：*one*）が主語の能動文の場合、受動文で von ＋ 3格は省かれる。

能動文　Man[1] trinkt in Frankreich viel Wein[4].　　　フランスでは（人は）たくさんのワインを飲む。

受動文　In Frankreich wird viel Wein[1] getrunken.　フランスではたくさんのワインが飲まれる。

➤ 【受動文の現在完了形】については、 Plus! 文法 ② 65頁

（2）状態受動

上記（1）の動作受動が「～される」を意味するのに対し、「～されている」という動作受動の結果としての状態を表すのが状態受動で、助動詞には werden ではなく sein を使う。

動作受動　Der Supermarkt wird um 7 Uhr geöffnet.
　　　　　　そのスーパーマーケットは7時に開店する（開けられる）。

状態受動　Der Supermarkt ist von 7 bis 22 Uhr geöffnet.
　　　　　　そのスーパーマーケットは7時から22時まで開いている（開けられている）。

➤ 【自動詞の受動文】については Plus! 文法 ③ 66頁

Übungen 8

1 ⒶⒷⒸ 設問に答えなさい。

1, 2の [ ] 内の分離動詞を適切な形にして（ ）に入れなさい。そして、3, 4の能動文を（ ）に適切な語を入れ受動文に書き換えなさい。

1. Mein Vater (   ) heute aus Paris (   ). Er (   ) mich wohl unterwegs
   (   ). [zurück|kommen, an|rufen]　父は今日パリから戻る。彼はたぶん途中で私に電話をくれる。

2. Tante Lisa (   ) in 20 Minuten am Bahnhof (   ). Du hast sie gleich (   ).
   (← zu 不定詞を入れる) [an|kommen, ab|holen]　リーザおばさんは20分で駅に着くのよ。あなたはすぐ
   に迎えに行かなくちゃ。

3. Er räumt sein Zimmer auf.　彼は自分の部屋を片づける。(auf|räumen 片付ける)
   → Sein Zimmer (   ) (   ) (   ) (   ).

4. Der Bombenangriff zerstörte die Stadt.　爆撃 男 がその町 女 を破壊した。(zer·stören 破壊する)
   → Die Stadt (   ) durch (   ) Bombenangriff zerstört.
   ➤ 受動文で行為者が明確な意思を持っている場合は von + 3格ですが、誰かの意思とは無関係な原因、媒介を表す
   場合は durch + 4格で表す。

2 📖 和訳しなさい。

1. Wir reisen morgen ab. Wir steigen in den Zug nach Frankfurt ein. (ab|reisen 旅立つ、
   ein|steigen 乗る)

2. Die Vorlesungen fangen um 10 Uhr an. Ich hoffe, dass ihr am Nachmittag auch am Seminar
   teilnehmt. (Vorlesung 講義 女 -en 複、an|fangen 始まる、teil|nehmen 出席する)

3. Der Kranke wurde von dem Chirurgen operiert und gerettet. (Chirurg 男 外科医　※「男性弱変化
   名詞」については、Lektion 2 ➕ Plus! 文法 ③ 58頁)

4. Ich ging zum Museum, aber es war schon geschlossen. (geschlossen < schließen)

3 ✏️ ドイツ語にしなさい。

1. 君は誰を迎えに行くの？ － 僕は（僕の）おじさんを迎えに行くんだよ。
   (迎えに行く ab|holen, おじさん Onkel 男)

2. 彼はミュンヒェンにいつ　到着したのですか？ － 3時間前に到着しました。※現在完了形で
   (到着する an|kommen(sein 支配動詞)、時間 Stunde 女 -n 複 , ～前に vor)

3. 今晩、市立劇場ではオペラが上演される。(今晩 heute Abend, 市立劇場 Stadttheater 中, オペラ Oper
   女, 上演する auf|führen)

4. ベルリンの壁は、冷戦の間に建造され、1989年に撤去された。
   (ベルリンの壁 die Berliner Mauer, 冷戦 der Kalte Krieg, ～の間に während + 2格, 建造する
   bauen, 撤去する ab|reißen)
   ➤ 西暦年号の読み方については、Lektion 0 ➕ Plus! 文法 ① 56頁

4 （　　）の中の単語の音を聴きとり、埋めなさい。
50

1. Ich（　　　　）leider keine Zeit, mit dir（　　　　）.

2. Ich（　　　　）dich nicht（　　　　）.

3. Auf dem Campingplatz（　　　　）den Kindern（　　　　）Fleisch und Gemüse（　　　　）.
[< kochen]

4. Das Restaurant（　　　　）heute von 18 bis 24 Uhr（　　　　）. [< öffnen]

5 パートナーと会話練習をしてみましょう。次に下線部を変えて言ってみましょう。
51

A：Um wieviel Uhr <u>stehen</u> Sie morgen <u>auf</u>?（あなたは明日何時に起きますか？）

B：Ich <u>stehe</u> morgen um <u>8</u> Uhr <u>auf</u>.（私は明日8時に起きます。）

---
ab|reisen 旅に出る、**aus|gehen** 出かける、**zurück|kommen** 戻る

A：Was machst du am Wochenende?（君は週末は何をするの？）

B：Ich habe vor, <u>mit Lisa auszugehen</u>.（リーザと出かけるつもりだよ。）　※ vor|haben ～するつもりである

---
zu Hause fern|sehen 家でテレビを見る、**am Sportkurs teil|nehmen** スポーツ講習に参加する、
im Supermarkt ein|kaufen スーパーで買い物をする

A：Trinkt man <u>in Deutschland</u> <u>viel Bier</u>?（ドイツではたくさんビールを飲みますか？）

B：Ja, <u>in Deutschland</u> wird <u>viel Bier</u> <u>getrunken</u>.（はい、ドイツではたくさんのビールが飲まれます。）

---
in Deutschland / Euro / benutzen　（非分離動詞で規則変化）（ドイツでは / ユーロ / 使う）、
in Japan / viel / arbeiten　（日本では / たくさん / 働く）、
in Italien / viele Opern / auf|führen　（イタリアでは / たくさんのオペラ / 上演する）

健太とザビーネの**ドイツ語の「なぜ」？**

非分離動詞の **bekommen** って、英語の *become* かなと思ってしまうけど、意味は「得る（*get*）」なので英語の「～になる」とはずいぶん違うよね。うーん、関係はないか？

たぶん語源は同じだよ。古英語の *becuman* には、「～になる」の意味に通じる「～に達する」「～にふりかかる」に加えて、「手に入れる」という意味もあったらしいしね。

英語の場合、*She gave him a book.* のような目的語が二つある文の場合、受動文で与格（3格）を主語にすることもできて、*He was given a book.* とも言えるよね。でも、ドイツ語では **er** を受動文の主語にすることはできないね。

そうだね。でもね、古英語の頃はドイツ語と同じで、その言い方はできなくて、*Him was given a book.* という形が使われていたんだ。英文法の巨人、*Jespersen* も著書の中で、*He was given a book.* のような受動態は近代英語まではきわめて稀だったと言っているよ。

Lektion 9 不規則動詞にも規則性あり

●動詞の現在人称変化（不規則変化）　●命令形

52

1 動詞の現在人称変化（不規則変化）

動詞の中には、主語が2人称単数 du、3人称単数 er/sie/es のときに、幹母音（アクセントのある母音）が変化するものがある。母音の変化には a → ä, e → i, e → ie の3つの型がある。

	a → **ä** 型 fahren （乗り物で）行く	e → **i** 型 sprechen 話す	e → **ie** 型 sehen 見る
ich	fahre	spreche	sehe
du	fährst	sprichst	siehst
er/sie/es	fährt	spricht	sieht
wir	fahren	sprechen	sehen
ihr	fahrt	sprecht	seht
sie/Sie	fahren	sprechen	sehen

ここがポイント

1. e → i/ie 型では、基本的に **e** が短音のときは **i** に、**e** が長音のときは **ie** に変化します。
   例外は **geben**（与える）→ **du gibst**, **er gibt**（しかし i は長音）など。
2. a → **ä** 型には **schlafen**（眠る）, **tragen**（運ぶ、身につけている）, **waschen**（洗う）など、e → **i** 型には **essen**（食べる）, **helfen**（手伝う、助ける）, **brechen**（折る）など、e → **ie** 型には **lesen**（読む）, **empfehlen**（勧める）などが属します。

Morgen früh **fährt** er nach München.　明日の朝、彼はミュンヘンに行く。
Sprichst du auch Italienisch?　君はイタリア語も話すの？
Sie **sieht** gern Filme.　彼女は映画を見るのが好きだ。

この3つの型とは異なった特殊な現在人称変化をする動詞に wissen や nehmen などがある。☞ 主要不規則動詞変化表76頁

	wissen 知っている	nehmen 取る
ich	**weiß**	nehme
du	**weißt**	nimmst
er/sie/es	**weiß**	nimmt
wir	wissen	nehmen
ihr	wisst	nehmt
sie/Sie	wissen	nehmen

Ich **weiß**, dass er Fußballspieler ist.　彼がサッカー選手であることを私は知っています。
Nimmst du heute den Bus?　君はきょうバスに乗るの？

➤ 【wissen と kennen の使い分け】については ➕ Plus! コメント ① 74頁

② 命令形

　命令形は相手（du 君、ihr 君たち、Sie あなた／あなたがた）によって3つの形があり、不定詞の語幹に以下のような語尾をつけてつくる。

		fahren	sprechen	sein
du に対して	語幹 + (e)!	Fahr(e)!	Sprich!	Sei ... !
ihr に対して	語幹 + (e)t!	Fahrt!	Sprecht!	Seid ... !
Sie に対して	語幹 + en Sie!	Fahren Sie!	Sprechen Sie!	Seien Sie ... !

➤　命令文では動詞を文頭に出し、感嘆符（!）を文末に置く。

ここがポイント

1. **du** に対する命令は、語幹のみの形を用い、**-e** はふつう省略されますが、語幹が **-d**, **-t** などで終わる動詞は省略しません。

   arbeiten → Arbeite fleißig!　（君、）一生懸命働きなさい！

   ihr に対する命令は、現在人称変化の形をそのまま用い、**Sie** に対する命令も、現在人称変化の形をそのまま用い（sein は例外、上の表参照）、主語 **Sie** は省略せず動詞の後ろに置きます。

2. **e → i/ie** 型の動詞は、**du** に対する命令のときも幹母音が変化し、語幹に **e** はつけません（**a → ä** 型の動詞は、幹母音は変化しません）。

   essen → Iss!　（君、）食べなさい！　　　sehen → Sieh!　（君、）見なさい！

Fahr doch langsam!　（君、）頼むからゆっくり運転して！
Sprich leise!　　　（君、）小さな声で話しなさい！
Seid brav!　　　　（君たち、）お行儀よくしなさい！
Vergessen Sie uns bitte nicht!　（あなた／あなたがた、）どうか私たちのことを忘れないでください！

分離動詞の命令形

分離動詞の命令形は、相手に応じて基礎動詞の語幹に語尾をつけて文頭に出し、前つづりは文末に置いて、枠構造をつくる。
an|rufen（～に電話をかける）
Ruf mich morgen an !　（君、）明日私に電話をかけなさい！
　　　　　枠構造

➤　anrufen は日本語では「～に」と訳すが、4格目的語をとる。4格の目的語をとる注意すべき動詞については
　　Lektion 3 ➕ Plus! 文法 ④ 59頁

wir に対する勧誘

wir に対する勧誘は、語幹＋en wir ～！（英：*Let's ～!*）
Gehen wir heute Abend ins Kino!　今晩、映画を見に行こう！

➤　【さまざまな命令表現】については ➕ Plus! コメント ② 74頁

Übungen 9

1 [ABC] [　] 内の動詞を適切な形にして（　）に入れなさい（形が変わらないものもある）。

1. Er （　　　　） nach Berlin und Paris. Er （　　　　） nicht nur Deutsch, sondern auch Französisch. [fahren, sprechen]　彼はベルリンとパリに行きます。彼はドイツ語だけでなく、フランス語も話します。

2. Sie （　　　） gern italienisch. Im Restaurant （　　　） sie Spaghetti und ein Glas Wein. [essen, nehmen]　彼女はイタリア料理を食べるのが好きです。レストランで彼女はスパゲッティとグラスワインを注文します。

3. （　　　） mal das Auto! Es gehört meinem Vater. Es （　　　） ihm sehr gut. [sehen, gefallen]　ちょっとこの車を見てよ！これはお父さんのものなんだ。彼はこれをとても気に入っているんだ。

4. Max, （　　　） mir den Teller und das Salz! （　　　） hier Platz! So, （　　　） wir! [geben, nehmen, essen]　マックス、お皿と塩をとって！　ここに座って！　さあ食べましょう！
    ➤ 3. の gehören, gefallen や helfen（**2**の1.）のような【3格目的語をとる注意すべき動詞】については Lektion 3 ➕ [Plus! 文法] ④ 59頁

2 📖 和訳しなさい。

1. Lea hilft ihrer Mutter beim Kochen. Hilfst du auch deinen Eltern?
    ➤ Kochen は動詞 kochen を名詞化したもので「料理（すること）」という中性名詞になる。

2. Miriam, schreib ihm einen Brief! Wenn er ihn liest, wird er dir zurückschreiben. (Brief 男 手紙)

3. Mein Vater trägt immer eine Brille, weil er nicht gut sieht. (Brille 女 めがね、gut sehen 目がいい)

4. Der Zug fährt morgen um 6 Uhr ab. Steh bitte spätestens um 5 Uhr auf! (Zug 男 列車、spätestens 遅くとも)
    ➤ ab|fahren, auf|stehen は分離動詞。

3 ✏️ ドイツ語にしなさい。

1. 先生はある生徒に一冊の本を与えます。その生徒はその本をとても熱心に読みます。
    (先生 Lehrer 男, 生徒 Schüler 男, 本 Buch 中, 与える geben, とても sehr, 熱心な fleißig, 読む lesen)

2. あなたのドイツ語を上達させるために、語学講座に参加してみてください！　※ Sie に対する命令で（命令文から始める）
    (ドイツ語 Deutsch 中, 上達させる verbessern, ～するために um~zu 不定詞, 語学講座 Sprachkurs 男, ～に参加する an 3格 teil|nehmen)

3. もしウィーンに行ったら、ベルヴェデーレ宮殿を訪ねて、ウィンナーシュニッツェルを食べてきてね！
    ※ du に対する命令で（命令文から始める）
    (もし～なら wenn, ウィーン Wien, ～に nach, 行く fahren, ベルヴェデーレ宮殿 Schloss Belvedere 中 ※定冠詞をつけて, 訪ねる besuchen, ウィンナーシュニッツェル Wiener Schnitzel 中 ※不定冠詞をつけて, 食べる essen)

4. あなたの息子が私の娘の手伝いをしていることを、私は知っています。
    (息子 Sohn 男, 娘 Tochter 女, 手伝う helfen, ～こと dass, 知っている wissen)

4 🎧 （　　）の中の単語の音を聴きとり、埋めなさい。

54

1. Das Auto （　　　　　　）sehr schnell. （Auto 中 車、schnell 速い）
2. Er （　　　　）gut Englisch.
3. （　　　　）du den Turm da? （Turm 男 塔、da あそこ）
4. （　　　　）doch ruhig! （ruhig 静かな）

5 パートナーと会話をしてみましょう。次に下線部を変えて言ってみましょう。

55

A：Was liest du? （君は何を読んでいるの？）※動詞の変化にも注意すること
B：Ich lese einen Roman. （私は長編小説 男 を読んでいます。）

A：**sie** 彼女、**er** 彼、**ihr** 君たち、**sie** 彼ら
B：**Novelle** 女 短編小説、**Comic** 男（中）コミックス、**Gedicht** 中 詩、**Krimi** 男 推理小説

A：Wem hilfst du? （君は誰を手伝うの？）※動詞の変化にも注意すること
B：Ich helfe meinem Vater. （父を手伝います。）

sie 彼女、**er** 彼、**ihr** 君たち、**sie** 彼ら

A：Lukas, mach die Hausaufgaben! （ルーカス、宿題をやりなさい！）
B：Ja, ja, ich weiß schon. （わかってるよ。）

Gemüse essen 野菜を食べる、**die Zähne putzen** 歯を磨く、
den Fernseher ausmachen テレビを消す ※ aus|machen は分離動詞、**ins Bett gehen** 寝る

健太とザビーネのドイツ語の「なぜ」？

英語の不規則動詞は過去、過去分詞をみると、その不規則性が明らか
だね。でも、現在形ではほぼ規則動詞と同じでしょ。ドイツ語は現在
形でも不規則な動詞が多く、しかもたいがいは **du** と **er/sie/es** の二
か所で不規則になるという「規則性」をもってるね。

じゃあ、**nehmen**（取る）と **fahren**（乗り物で行く）を例に説明
するね。**du** の現在人称変化の **nimmst** と er/sie/es の **nimmt** は、
かつては **nem-i-st, nem-i-t,** そして **fahren** の変化形、**fährst,**
fährt は、**far-i-st, far-i-t** だった。いまでは消えてしまったけど、
この後ろに続く **-i-** に引っ張られて、**nehmen** の **e** は **i** に同化され、
そして **fahren** の **a** はウムラウトを引き起こしたというわけ。英語
にこの現象がないのは、**-i-** が早くから消失したためだよ。

Lektion 10 接続法第2式 —話者が非現実の世界を接続するモード

●非現実話法　●婉曲話法

1 接続法

これまで学んできた**事実を述べる**「直説法」とは違い、「接続法」は述べられる事柄を**事実と断定しない**表現（モード、法）である。動詞の形で第1式と第2式に分かれ、それぞれ次の用法で使う。

> **第1式**　要求話法　間接話法
> **第2式**　非現実話法　婉曲（外交）話法

➤ 【接続法第1式】については ➕ 📄 Plus! 文法 [1]、[2] 66-67頁

2 接続法第2式の人称変化

🎧 56

過去基本形＋e が**接続法第2式**の基本形である。不規則動詞の幹母音 a, o, u は必ずウムラウトする。人称変化は接続法第2式の基本形に**過去人称変化語尾**をつける。

		規則動詞	不規則動詞					話法の助動詞
不定詞		wohnen	gehen	kommen	sein	haben	werden	können
過去基本形		**wohnte**	**ging**	**kam**	**war**	**hatte**	**wurde**	**konnte**
接続法第2式基本形		wohnte	ginge	käme	wäre	hätte	würde	könnte
ich	-	wohnte	ginge	käme	wäre	hätte	würde	könnte
du	-st	wohntest	gingest	kämest	wärest	hättest	würdest	könntest
er/sie/es	-	wohnte	ginge	käme	wäre	hätte	würde	könnte
wir	-n	wohnten	gingen	kämen	wären	hätten	würden	könnten
ihr	-t	wohntet	ginget	kämet	wäret	hättet	würdet	könntet
sie/Sie	-n	wohnten	gingen	kämen	wären	hätten	würden	könnten

> 規則動詞は直説法過去人称変化と同形である。
> 話法の助動詞 sollen, wollen の幹母音はウムラウトせず、直説法過去人称変化と同形になる。

3 接続法第2式の用法（現在形）

🎧 57

(1) 非現実話法：事実に反することを述べるときに用いる。

Wenn ich Zeit **hätte**, **würde** ich ins Kino **gehen**.　もし時間があれば、私は映画に行くのに。
　　　――仮定部――　　　　　　　――帰結部――

Wenn ich Zeit **hätte**, **ginge** ich ins Kino. とも表現できるが、現在では接続法第2式は haben, sein, werden, 話法の助動詞を除いて、werden の接続法第2式（現在形）と文末に置かれた不定詞（＝ würde ＋不定詞（文末））で代用される傾向にある。

Wenn er viel Geld **hätte**, **wäre** er glücklich.　もしたくさんお金があれば、彼は幸せなのに。
Wenn er viel Geld **hätte**, **würde** er eine Weltreise **machen**.
　　　　　　　　　　　もしたくさんお金があれば、彼は世界旅行をするのに。

また、仮定部、帰結部のどちらか一方だけでなく、両方とも würde ＋不定詞（文末）で代用可能である。
Wenn ich ein Stipendium **bekommen würde**, **würde** ich in Deutschland Medizin **studieren**.
もし奨学金を得れば、私はドイツに留学して医学を学ぶのに。

🔖 ここがポイント

hätte, würde の形から過去形と勘違いしやすいが、現在の事実に反する現在形である。

➤ 【接続法第2式の過去形】については ➕ Plus! 文法 ③ 67頁

(2) **婉曲話法**：願望や意見を控えめに述べたり、依頼を丁寧に述べるときに用いる。
Ich **hätte** gern einen Kaffee. コーヒーを一杯ほしいのですが。
(= Ich **möchte** einen Kaffee.)
【möchte】については ☞ Lektion 7, 30-31頁
Du **solltest** fleißig **arbeiten**. 熱心に勉強してほしいのですがね。
Es **wäre** mir recht, wenn Sie am Montag zu mir **kommen würden**.
月曜日にいらっしゃるということでしたら、私はそれで結構なのですが。

Sie に対する丁寧な依頼：Könnten/Würden Sie ＋不定詞（文末）？（英：*Could/Would you~?*）
Könnten/Würden Sie mich bitte morgen **anrufen**? 明日お電話いただけますか？

(3) **いろいろな表現**
仮定部の独立用法
仮定部を独立させて願望を詠嘆的に述べる。
Wenn ich doch noch Zeit **hätte**! もっと時間があればなあ！

他の語句による仮定部の置き換え
名詞や副詞（句）に仮定部の意味が込められている。
Ein Japaner **würde** das anders **sagen**. 日本人だと違ったように言いそうだ。

als ob... まるで…のように（英：*as if...*）
Sie tut (so), **als ob** sie nichts **wüsste**. 彼女は何も知らないかのように振舞っている。

仮定部の動詞を倒置して文頭に持ってくることによって、wenn を省略することがある。
Hätte ich Flügel, **würde** ich zu dir fliegen. 翼があれば、君のところに飛んでいくのに。
(Wenn ich Flügel **hätte**, ... と同じ意味)

Übungen 10

1 ABC 次の文の（　　）に［　　］内の動詞を適切な形の接続法第2式にして入れなさい。

1. Wenn er gesund (　　　　　), würde er den Roman vollenden. [sein]　もし彼が健康なら、その小説を書き上げるだろうに。

2. Wenn du zu mir (　　　　　)! [kommen]　君が私のところに来てくれたらなあ！

3. Ich (　　　　) gern ein Glas Bier. [haben]　ビールを1杯いただきたいのですが。

4. (　　　　) Sie das Fenster öffnen? [können]　その窓を開けてくださいますか？

2 和訳しなさい。

1. Wenn ich reich wäre, würde ich durch die ganze Welt reisen.（reich 金持ちの、ganz 全部の、Welt 女 世界）

2. Wenn sie Französisch sprechen könnte, würde sie in Paris leben.

3. Es wäre gut, morgen zu Hause zu bleiben.（zu Hause 家に）

4. Könnten Sie mir bitte zeigen, wie man zum Bahnhof kommt?　（zeigen 示す）

3 ドイツ語にしなさい。

1. 時間があれば、私は公園を散歩するのに。（公園 Park 男, 散歩する spazieren gehen）

2. 若ければ、彼女は留学するのに。（留学する im Ausland studieren）

3. 私を手伝ってくれませんか？（〜を手伝う 人³ helfen）

4. それはありうるかもしれませんね。（ありうる möglich）　※ können を接続法第2式にして

4 （　　）の中の単語の音を聴きとり、埋めなさい。

1. Ich (　　　　) einen Kaffee.

2. Das (　　　　) wahr sein.

3. Was (　　　　) du machen, wenn du viel Geld (　　　　　)?

4. (　　　　) Sie mir kurz helfen?

パートナーと会話をしてみましょう。次に A の主語を du にし、B の下線部を変えて言ってみ
ましょう。
59

A：Was möchten Sie?（何にしますか？）

B：Ich möchte <u>ein Glas Mineralwasser</u>.（グラス一杯のミネラルウォーターが欲しいです。）

> **eine Kanne Tee** ポットの紅茶、**eine Tasse Kaffee** カップ一杯のコーヒー、
> **ein Glas Orangensaft** グラス一杯のオレンジジュース

A：Was würden Sie machen, wenn Sie morgen Zeit hätten?（明日、時間があれば、何をしますか？）

B：Ich würde <u>Tennis spielen</u>.（テニスをします。）

> **Fußball spielen** サッカーをする、**ins Kino gehen** 映画に行く、
> **eine Veranstaltung besuchen** イベントに行く

A：Könnten Sie mir eine E-Mail schreiben?（E メールを書いていただけますでしょうか？）

B：<u>Ja, natürlich</u>.（ええ、もちろんです。）

> **Ja, gerne.** ええ、よろこんで。　**Ja, klar.** ええ、もちろんです。　**Kein Problem.** 大丈夫です。
> **Tut mir leid. Das kann ich nicht.** すみません。それはできません。

健太とザビーネの ドイツ語の 「なぜ」？

 英語の仮定法は過去形を使うけど、ドイツ語の接続法第2式は特別な形になっているよね。

 英語も古英語の頃は、直説法、接続法、命令法は別々の動詞の語形変化だったけど、後期には接続法の語形変化は直説法と同形になったのね。

 そうだったんだ。英語の *were* だけは *if I were / you were / he*（*she*）*were* でしょ。ドイツ語の **wäre** は、英語の *were* と似てるよな。

 実は古英語では仮定法のときの単数1、2、3人称の形が *wære*（*æ* は長音）で、これだけが仮定法の形として今に生き残ったんだね。使用頻度が高いものは変化に抵抗できるということかな。

45

Lektion 11 再帰表現は動詞が表す内容を主語に帰す

●再帰代名詞・再帰動詞　●比較級・最上級

🎧 60 ① 再帰代名詞の人称変化

　主語と同じ人・物を指す代名詞（英：-self/-selves）を再帰代名詞と呼ぶ。再帰代名詞は、1・2人称に関しては人称代名詞と同じ。ただし、3人称および2人称（敬称）では sich になる。

☞「人称代名詞の格変化」については Lektion 3 ③ 15頁

	単数					複数			単数・複数
	1人称	2人称 （親称）	3人称			1人称	2人称 （親称）	3人称	2人称 （敬称）
1格（～は / が）	ich	du	er	sie	es	wir	ihr	sie	Sie
3格（～に）	**mir**	**dir**	sich	sich	sich	**uns**	**euch**	sich	sich
4格（～を）	**mich**	**dich**	sich	sich	sich	**uns**	**euch**	sich	sich

Der Vater wäscht den Wagen.　　父親は車 廛 を洗う。

Er　wäscht　ihn.　　　　　彼はそれ（主語とは別の男性名詞）を洗う。

Er　wäscht　sich.　　　　　彼は自分自身を洗う。

➤　3人称の場合は再帰代名詞 sich を用いることで、主語と目的語が同じものを指すことが明確になる。

🔽 ここがポイント

1. 再帰とは動詞が表す動作や感情が文の主語に戻ってゆくことです。
2. 2人称（敬称）**Sie** は文中でも大文字で書き始めますが、再帰代名詞 **sich** は小文字で書き始めます。

🎧 61 ② 再帰動詞

　目的語に再帰代名詞をとる動詞を再帰動詞と呼ぶ。再帰動詞は特定の前置詞と結びつくことが多い。

➤　辞書では再帰表現に使える動詞を 再 などと表記し、再帰代名詞は3格なら sich³、4格なら sich⁴という形で代表されている。

代表的な再帰動詞

(1) sich⁴ an 人・物⁴ erinnern　～を覚えている、思い出す
　　Ich erinnere mich an meine Kindheit.　私は自分の子供時代を覚えています。

(2) sich⁴ auf 人・物⁴ freuen　（これから起こることを）楽しみにしている
　　Er freut sich auf die Sommerferien.　彼は夏休みを楽しみにしている。

(3) sich⁴ über 人・物⁴ freuen　（すでに起こったことを）喜ぶ
　　Meine Kinder freuen sich über dein Geschenk.　私の子供たちは君のプレゼントを喜んでいる。

46

(4) sich⁴ für 人・物⁴ interessieren ～に興味をもつ

Ich interessiere mich für Germanistik. 私はドイツ語学（文学）研究に興味があります。

(5) sich³ 人・物⁴ vor|stellen ～を想像する

Wie stellst du dir deine Zukunft vor? 君は自分の将来をどんなふうに想像している？

③ 形容詞の比較級と最上級の形態

比較級は原級に -**er** を、最上級は -**st** をつけて作る。1音節の形容詞は比較級や最上級でアクセントを持つ母音 a, o, u がウムラウトすることが多い。

規則的な変化をするもの

	原級	比較級	最上級
klein	小さい	klein**er**	klein**st**
alt	年取った・古い	**ä**lt**er**	**ä**lt**est**
jung	若い	j**ü**ng**er**	j**ü**ng**st**

➤ 原級が -d, -t, -ß, -z などで終わるものには最上級に口調上の e を入れる。

不規則な変化をするもの

	原級	比較級	最上級
groß	大きい	**größer**	**größt**
gut	良い	**besser**	**best**
hoch	高い	**höher**	**höchst**
viel	多くの	**mehr**	**meist**
gern	喜んで・好んで	**lieber**	**am liebsten**

➤ gern は副詞としてのみ使われる。最上級については ④ の(3)参照。

④ 比較級と最上級の用法

(1) **原級による比較：so 原級 wie**（英：*as* 原級 *as*）

Er ist so groß wie ich. 彼は私と同じくらいの背の高さだ。

(2) **比較級による比較：比較級 als**（英：比較級 *than*）

形容詞　Er ist größer als ich. 彼は私よりも背が高いです。

副詞　　Er spielt lieber Fußball als Baseball. 彼は野球よりもサッカーをする方が好きです。

(3) **最上級を使った比較：am 最上級 -en／定冠詞（der/die/das）＋最上級 -e**

形容詞　Er ist der größt**e** unter allen Schülern. 彼はすべての生徒の中で一番背が高いです。

　　　　Er ist am größt**en** in der Klasse. 彼はクラスで一番背が高いです。

副詞　　Er spielt am liebst**en** Tennis. 彼はテニスをするのがもっとも好きです。

ここがポイント

副詞の最上級は常に am 最上級 -en の形です。また、1つのものを様々な条件のもとで比較する場合も、常に am 最上級 -en を用います。

Mein Garten ist im Herbst am schönst**en**. 私の庭は秋がもっとも美しい。

(3)の太字で示した【形容詞の格変化(語尾)】については ➕ Plus! 文法 ③ 68頁

Übungen 11

1 ABC [ ] 内の形容詞を適切な形にして （ ）に入れなさい。

1. Deutschland ist etwa so（   ）wie Japan. [groß] ドイツは日本と同じくらいの大きさだ。

2. Das Bild gefällt mir am（   ）. [gut] 私はその絵がもっとも気に入っています。

3. Mein Vater ist 5 Jahre（   ）als meine Mutter. [jung] 私の父は私の母より5歳若い。

4. Maria ist die（   ）unter allen Schülerinnen. [fleißig] マリーアはすべての女子生徒の中で一番勤勉だ。

2 和訳しなさい。

1. Erinnerst du dich an unsere Großmutter?

2. Ich freue mich auf den Urlaub in Italien.

3. Wir ärgern uns über den Lärm. （sich⁴ über 人・物⁴ ärgern ～に腹をたてる）

4. Ist der Rhein der längste Fluss in Deutschland? （Rhein 男 ライン川）
   ➤ 【形容詞の格変化】については ➕ Plus! 文法 ③ 68頁

3 ドイツ語にしなさい。

1. 彼女はある作家を研究しています。
   （作家 Schriftsteller 男, 研究する sich⁴ mit 人・物³ beschäftigen）

2. その男性はベンチに座ります。
   （ベンチ Bank 女, ～に座る sich⁴ setzen）
   ➤ sich⁴ setzen は方向を表す語句（auf 物⁴ など）とともに用いられる。

3. 彼女は展覧会を鑑賞します。
   （展覧会 Ausstellung 女, ～を鑑賞する sich³ 物⁴ an|sehen）

4. ベルリンテレビ塔は東京タワーより高いです。
   （ベルリンテレビ塔 der Berliner Fernsehturm 男, 東京タワー der Tokyo Tower 男, hoch 高い）

🎧 **4** 🎧（   ）の中の単語の音を聴きとり、埋めなさい。

1. Wie komme ich am（   ）nach Berlin?

2. München ist（   ）als Düsseldorf.

3. Interessieren Sie（   ）für unsere Projekte?

4. Stefan freut（   ）über die Weihnachtskarte.

48

パートナーと会話してみましょう。次に下線部を変えて言ってみましょう。
65

A：Wofür interessierst du dich? （君は何に興味があるの？）※主語に合わせて動詞と再帰代名詞の形が変わることに注意

B：Ich interessiere mich für Musik. （私は音楽 [女] に興味があるんだ。）

➤ 疑問詞 wofür は was と前置詞 für の融合形で「何に対して」という意味である。

👉 Lektion 4 ➕ Plus! 文法 ③ 60頁

A：**ihr** 君たち、**sie** 彼女、**dein Vater** [男] 君のお父さん、**deine Freunde** [複] 君の友達
B：**Geschichte** [女] 歴史、**Filme** [複] 映画、**Tanz** [男] ダンス、**Sport** [男] スポーツ

A：Was machst du am Wochenende? （君は週末何をするの？）

B：Ich beschäftige mich mit meinem Referat. （私はレポートに取り組むよ。）

sich⁴ um die Kinder kümmern 子供の面倒を見る、
sich⁴ auf den Unterricht vor|bereiten 授業の予習をする、
sich⁴ mit meinen Freunden treffen 友達と会う、 **sich⁴ aus|ruhen** 休息する

A：Welche Stadt ist größer, London oder Berlin? （ロンドンとベルリン、どちらの都市 [女] が大きいですか？）

B：Ich glaube, London ist größer als Berlin. （ロンドンの方がベルリンより大きいと思います。）
Aber Moskau ist wahrscheinlich die größte Stadt Europas （2格）. （でも、モスクワがたぶんヨーロッパで一番大きな都市です）

Fluss [男] 川、**lang** 長い、**der Rhein** [男] ライン川、**die Elbe** [女] エルベ川、**die Donau** [女] ドナウ川、
Deutschland [中] ドイツ ※無冠詞で
Berg [男] 山、**hoch** 高い、**der Montblanc** [男] モンブラン、**der Fuji** [男] 富士山、
der Everest [男] エベレスト、**die Welt** [女] 世界
See [男] 湖、**groß** 大きい、**der Towada-See** [男] 十和田湖、**der Suwa-See** [男] 諏訪湖、
der Biwa-See [男] 琵琶湖、**Japan** [中] 日本 ※無冠詞で

┌─ 健太とザビーネの**ドイツ語の「なぜ」**？ ─┐

 比較表現で比較対象を表す接続詞の **als** は名詞の前において前置詞みたいに使うのに、格支配をしないのはなんでかな？

それは **als** に続く語は比較対象と同じ格になるってことだからだよ。

 als の後ろには語だけではなくて、文がくることもあるの？

 そう、**als** の後には副文が続くこともあるよ。だから、**als** ＋副文は過去を表す「〜したとき」と訳す場合と「〜よりも」と訳す場合があるから、注意して区別しなくちゃね。

Lektion 12 名詞に文で説明を加える関係代名詞

●関係代名詞　　●不定関係代名詞

🎧 1 関係代名詞
66

名詞に文で説明をつけ加えたいとき、関係代名詞を用いる。関係代名詞は、説明される名詞（**先行詞**）と、説明する文（**関係文**）を結びつける役割を果たす。

der Hund, der gern spielt.　　遊ぶのが好きな　犬

先行詞　関係代名詞

関係文（副文）

👉 ここがポイント

1. 関係代名詞は**先行詞の直後**に置かれます。先行詞（を含む主文）と関係文は必ず**コンマ**で区切ります。
2. 関係代名詞は**関係文の先頭**に来ます。
3. 関係文は副文（👉 Lektion 6 ② 27頁）で、関係文中の**定動詞は文末**に置かれます。

🎧 2 関係代名詞の形と用法
67

関係代名詞は、先行詞の性・数と関係文中の役割に応じて、次の形をとる。

	男性	女性	中性	複数
1格	der	die	das	die
2格	des**sen**	der**en**	des**sen**	der**en**
3格	dem	der	dem	den**en**
4格	den	die	das	die

➤　定冠詞と似ているが、2格と複数3格の形が定冠詞と異なる。

👉 ここがポイント

関係代名詞の性・数・格には、次の原則が成り立ちます。

①　**性・数**は先行詞に一致する

②　**格**は、関係文の中の役割（主語なのか目的語なのかなど）で決まる

〔1格〕

Ich habe einen Hund, der gern spielt.　私は遊ぶのが好きな犬 男 を1匹飼っている。

主文　　　　関係文（副文）

①　先行詞が**男性名詞**→関係代名詞も**男性**

②　関係代名詞が関係文中の定動詞 spielt の**主語**→関係代名詞は**1格**

（比較）Ich habe einen Hund. Der Hund spielt gern.　私は犬を1匹飼っている。その犬は遊ぶのが好きだ。

主文　　　　　　　　　主文

➤　【関係文が置かれる位置の例外】および【2つの文を関係代名詞を使って1文にするときの手順】については
➕ Plus! コメント ①、② 74頁

50

〔2格〕

Ich habe eine Katze, deren Augen grün sind.　私は目が緑色の猫 囡 を1匹飼っている。

① 先行詞が**女性名詞**→関係代名詞も**女性**
② 関係代名詞が関係文中の名詞にかかる**2格**→関係代名詞は**2格**

（比較）Ich habe eine Katze. Die Augen der Katze sind grün.　私は猫を1匹飼っている。その猫の目は緑色だ。

➤ 2格の名詞は後ろから前の名詞を修飾するが、関係代名詞の2格は前から後ろの名詞を修飾する

〔3格〕

Das ist das Pferd, dem ich jeden Tag Heu gebe.　これは私が毎日干し草をあげている馬 中 です。

① 先行詞が**中性名詞**→関係代名詞も**中性**
② 関係代名詞が関係文中の定動詞 gebe の**3格目的語**→関係代名詞は**3格**

（比較）Das ist das Pferd. Ich gebe dem Pferd jeden Tag Heu.
これがその馬です。私はその馬に毎日干し草をあげています。

〔4格〕

Das sind die Pinguine, die ich gern fotografiere.　これらは私が写真を好んで撮るペンギンたち 複 です。

① 先行詞が**複数名詞**→関係代名詞も**複数**
② 関係代名詞が関係文中の定動詞 fotografiere の**4格目的語**→関係代名詞は**4格**

（比較）Das sind die Pinguine. Ich fotografiere gern die Pinguine.
これらがそのペンギンたちです。私はそのペンギンたちの写真を好んで撮ります。

〔前置詞 + 関係代名詞〕

Das ist der Delfin, mit dem ich oft spiele.　これは私がよく一緒に遊んでいるイルカ 男 です。

① 先行詞が**男性名詞**→関係代名詞も**男性**
② 関係代名詞が関係文中の**3格支配**の前置詞 mit と結合→関係代名詞は**3格**

（比較）Das ist der Delfin. Ich spiele oft mit dem Delfin.
これがそのイルカです。私はそのイルカとよく一緒に遊んでいます。

➤ 関係代名詞が前置詞とセットになっている場合は、前置詞が関係文の先頭に置かれる。
➤ 前置詞が4格支配の場合は、関係代名詞は4格となる。

3 不定関係代名詞 wer, was

🎧 68

先行詞を必要とせず、「～する人」「～するもの・こと」という意味の名詞節を作る関係代名詞を不定関係代名詞と呼ぶ。wer と was の2種類がある。

wer「～する人（は誰でも）」
Wer genug schläft, bleibt gesund.　充分に眠る人は健康でいられる。

was「～するもの・こと」
Was Sie gerade gesagt haben, finde ich sehr interessant.
あなたが今おっしゃったことは非常に興味深いと思います。
Tu, was du willst!　汝の欲することをなせ。（ミヒャエル・エンデ『はてしない物語』※表記を一部変更）

➤ 不定関係代名詞について詳しくは ➕/Plus! 文法 ②、③ 70頁

Übungen 12

1 ⟨ABC⟩ （　　）に適切な関係代名詞を入れなさい。

1. Der Student, （　　　　）dort steht, heißt Michael.　あそこに立っている学生 男 はミヒャエルという
   名前です。

2. Die Frau, （　　　　）ich gestern kennengelernt habe, ist sehr nett.　私が昨日知り合った女性 女
   はとても親切です。

3. Kennst du das Restaurant, in （　　　　）ich oft gehe?　私がよく行くレストラン 中 を知ってる？

4. Die Schuhe, （　　　　）Design mir gefällt, sind mir zu teuer.　私がデザインが気に入っているその
   靴 複 は私には高すぎる。

➡ ⟨ここがポイント⟩

　関係文は先行詞の直後に置かれるため、関係文が主文を断ち切るように挿入されることがよくあります。この場合、コ
ンマを関係文の前後2か所に打って主文と関係文とを区切ります。

2 📖 和訳しなさい。

1. Treffen wir uns morgen in dem Café, in dem wir letzte Woche waren?（sich treffen 待ち合わせる）

2. Die Professorin, die Psychologie lehrt, schreibt jetzt ein dickes Buch.（Psychologie 女 心理学、
   dick 厚い）

3. Ich kaufe, was ich will.

4. Wer schwimmen möchte, muss Badesachen mitnehmen.（Badesachen 複 水泳用具、
   mit|nehmen 持って行く）

3 ✏ ［　　］内の1つめの文を主文に、2つめの文を関係文にして、日本語文の意味になるようドイ
ツ語文を作りなさい。

1. あそこを歩いている男性は、私の先生です。［ Der Mann ist mein Lehrer. / Der Mann geht dort.］

2. 君が勧めてくれたカフェはどこにあるの？［ Wo ist das Café? / Du hast mir das Café empfohlen.］

3. こちらは私がその手助けにとても感謝しているマイヤー夫妻です。
   ［ Das sind Herr und Frau Mayer. / Ich danke ihnen sehr für ihre Hilfe.］

4. これは私が一番打ちやすいキーボードです。
   ［ Das ist die Tastatur. / Ich kann auf der Tastatur am besten tippen.］（キーボード Tastatur 女 ）

4 🎧（　　）の中の単語の音を聴きとり、埋めなさい。

1. Wo sind die Tickets, （　　　　）ich gestern gekauft habe?
2. Ich suche ein Hotel, （　　　　）direkt am Strand liegt.
3. Wie hieß der Film, in （　　　　）Johnny Depp als Pirat auftritt?（hieß: heißen の過去形、Pirat 男
   海賊、auftreten 出演する）
4. （　　　　）getan ist, ist getan.

5

5 パートナーと会話をしてみましょう。次に下線部を変えて言ってみましょう。

70

A：Siehst du <u>den Mann</u>?　（あの男性が見える？）

B：Meinst du <u>den Mann</u>, <u>der</u> <u>einen Pullover</u> trägt?　（セーターを着ているあの男性のこと？）

> A：**Frau** 囡 女性、**Kind** 田 子ども、**Studenten** 圈 学生たち
> B：**T-Shirt** 田 Ｔシャツ、**Mantel** 男 コート、**Jacke** 囡 ジャケット、**Stiefel** 圈 ブーツ

A：Wo ist <u>die Tasche</u>, <u>die</u> ich letztes Jahr gekauft habe?　（私が去年買ったカバン、どこにいっちゃったかな？）

B：<u>Die Tasche</u>, <u>die</u> du letztes Jahr gekauft hast? Da, <u>im Schrank</u>!　（君が去年買ったカバン？ そこだよ、タンスの中！）

> A/B：**Hut** 男 帽子、**Taschentuch** 田 ハンカチ、**Brille** 囡 メガネ、**Sandalen** 圈 サンダル
> B：**auf dem Sofa** ソファーの上、**auf dem Tisch** 机の上、**auf dem Boden** 床の上

A：Kennst du <u>die Studentin</u>, <u>mit der</u> Michael gerade spricht?　（ミヒャエルが今話している女子学生を知ってる？）

B：Ja, das ist <u>die Studentin</u>, <u>der</u> er bei <u>der Seminararbeit</u> geholfen hat.　（うん、あれは彼がゼミの課題で助けてあげた学生だよ。）※ helfen が3格目的語をとることに注意

> A：**Student** 男 男子学生、**Studenten** 圈 学生たち、**Kind** 田 子ども
> B：**Referat** 田 研究報告、**Feldforschung** 囡 フィールドワーク、**Hausaufgaben** 圈 宿題

健太とザビーネのドイツ語の「なぜ」？

 関係代名詞に似た関係副詞っていうのもあるけど、それはどういうものかな？

 関係代名詞は関係文の中で代名詞の役割を、関係副詞は関係文の中で副詞の役割を果たすというという違いを除けば、関係代名詞と関係副詞の機能は同じで、主文の名詞ないし副詞（＝先行詞）を説明する関係文（**Relativsatz**）を作ることにあると言えるかな。

 関係副詞の **wo** は、英語の *where* とは異なり、場所を表す先行詞だけじゃなくて、時を表す先行詞も受けることができるのは面白いね。

 そうだね、だけど **wo** は元々は場所を表す語を先行詞にとっていたのが時を表す先行詞にも使用されるようになったものだから、時を表す先行詞の場合は、いつでも **wo** を使えるわけじゃないよ。**jetzt** や **heute** のような副詞が先行詞になるときは **wo** を使うのが普通。でも **Tag** とか **Jahr** など普通名詞が先行詞になるときは、書き言葉では前置詞＋関係代名詞の形を使うことが多いよ。（**jetzt, wo ...**, **im Jahr** 田**, in dem ...**）

ドイツ語圏略地図

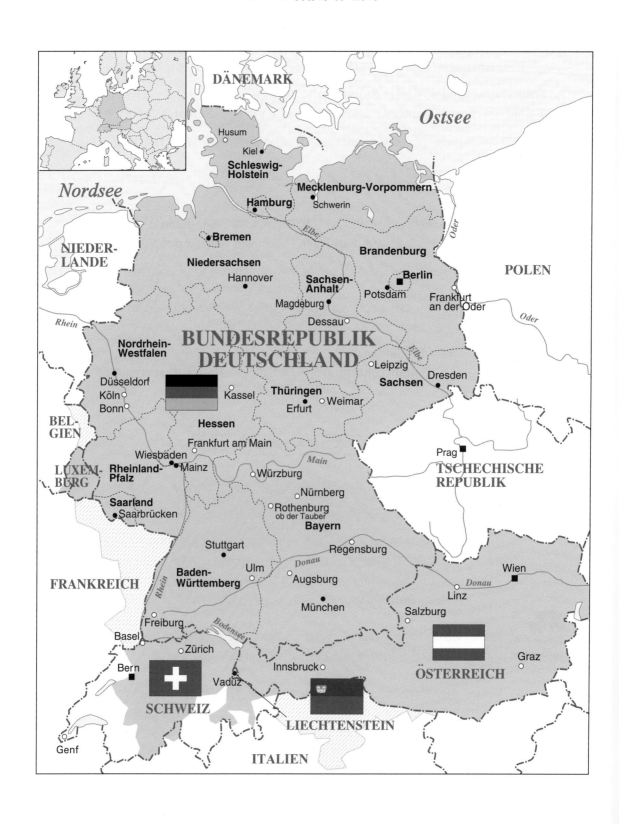

Plus! 文法・コメント

Plus! 文法

Lektion 0 ➕ Plus! 文法

1 数詞（序数詞、西暦年号の読み方）☞ Lektion 0, 5頁

●序数詞

1-19は基数詞に -t を、20以上は -st をつける

1. erst	6. sechst	11. elft	16. sechzehnt	21. einundzwanzigst
2. zweit	7. siebt	12. zwölft	17. siebzehnt	(…)
3. dritt	8. acht	13. dreizehnt	18. achtzehnt	30. dreißigst
4. viert	9. neunt	14. vierzehnt	19. neunzehnt	(…)
5. fünft	10. zehnt	15. fünfzehnt	20. zwanzigst	

100. (ein)hundertst   1000. (ein)tausendst

●西暦

1099年までと2000年以降は基数と同じ読み方で、1100年から1999年までは100の単位で切って読む。

1078 (ein)tausendachtundsiebzig
1964 neunzehnhundertvierundsechzig
2005 zweitausendfünf
2100 zweitausendeinhundert

Lektion 1 ➕ Plus! 文法

1 現在人称変化で発音上の工夫が必要な動詞

(1) 語幹が -d, -t などで終わる動詞

arbeiten, finden など、語幹が -d, -t で終わる動詞は、現在人称変化の du, er/sie/es, ihr のところで、発音しやすくするために口調の e を入れる。

arbeiten（英：*work*）（働く）

ich	arbeite	wir arbeiten
du	arbeitest	ihr arbeitet
er/sie/es	arbeitet	sie arbeiten
Sie arbeiten		

finden（英：*find*）（見つける、思う）

ich	finde	wir finden
du	findest	ihr findet
er/sie/es	findet	sie finden
Sie finden		

Sie arbeitet immer fleißig.　彼女はいつも熱心に働く。
Wie findest du das?　　君これをどう思う？

(2) 語幹が歯音（-s, -ss, -ß, -tz, -x, -z）などで終わる動詞

reisen, heißen, sitzen など、語幹が歯音（-s, -ss, -ß, -tz, -x, -z）で終わる動詞は、現在人称変化の du のところで、語尾は st ではなく、t のみとなる。

reisen（旅行する）

ich reise	wir reisen
du reist	ihr reist
er/sie/es reist	sie reisen
Sie reisen	

Wie heißt du?　お名前は？　− Ich heiße Jonas.　ヨナスといいます。

② 語尾が -n の動詞の現在人称変化　step Up

　動詞の中には、数は少ないが、語尾が -en ではなく、-n だけのものもある（例：tun, handeln）。このタイプの動詞の現在人称変化は以下のようになる。

	tun（行う）	**handeln**（行動する）
ich	tue	hand(e)le
du	tust	handelst
er/sie/es	tut	handelt
wir	tun	handeln
ihr	tut	handelt
sie	tun	handeln
Sie	tun	handeln

➤　wir, sie(3人称複数), Sie のところで語尾が -en でなく -n となることに注意。

➤　handeln のように -eln で終わる動詞は、ich のところで語幹の e が脱落することが多い。

Lektion 2 　✚ Plus! 文法

① 複数形のウムラウトと型の一覧

　- （無語尾）, **-e** の2つの型には複数名詞の幹母音 a, o, u, au がウムラウトするものとしないものがある。**-er** の型は必ずウムラウトし、**-(e)n, -s** の2つの型はウムラウトしない。なお、**-s** 型は主として英語などの外来語に対応している。

無語尾型 -	Lehrer 男 → Lehrer	Garten 男 → Gärten	ウムラウトするものとしないものがある
E 型 **-e**	Tag 男 → Tage	Zug 男 → Züge	
ER 型 **-er**	Kind 中 → Kinder	Haus 中 → Häuser	a, o, u, au は必ずウムラウトする
EN 型 **-(e)n**	Ohr 中 → Ohren	Woche 女 → Wochen	ウムラウトしない
S 型 **-s**	Auto 中 → Autos	Foto 中 → Fotos	

② nicht の位置

・文全体を否定したい場合は nicht は文末に置く。

　Sie repariert die Lampe nicht.　彼女はそのライトを修理しません。

・特定の語句を否定したい場合（部分否定）は nicht はその前に置く。

　Sie repariert nicht die Lampe (sondern das Sofa).

　彼女が修理するのはそのライトではありません(そうではなく、そのソファーです)。

　(nicht..., sondern...　英：*not...but...*)

・ただし、文全体を否定したい場合にも動詞と結びつきが強い語が文末にある場合には、その語の前に nicht を置く。

　Sie ist nicht krank.　彼女は病気ではない。

　☞【nicht と kein の使い分け】については Lektion 3 ② 15頁

③ 男性弱変化名詞

　男性名詞の1格以外の格変化において、単数形も複数形も語尾にすべて -(e)n がつくものがあり、これを男性弱変化名詞という。

Student（学生）

	単数	複数
1格	der Student	die Studenten
2格	des Studenten	der Studenten
3格	dem Studenten	den Studenten
4格	den Studenten	die Studenten

　この仲間には、特に人の名称、たとえば Mensch 人間、Junge 若者（-n だけがつく）、Polizist 警察官などがある。

Lektion 3 ＋ Plus! 文法

① 定冠詞類

　定冠詞 der と同じような語尾変化をする冠詞類を**定冠詞類**と呼ぶ。よく使われるものは次の4つ。

dieser この（*this , those*）　**welcher** どの（*which*）　**aller** すべての（*all*）　**jeder** どの…も（*every, each*）

➤ この他に、**jener** あの・例の（*that, those*）、**solcher** そのような（*such*）、**mancher** 少なくない数の、それなりの数の（*some, many*）もある。

　定冠詞類は、直後の名詞の性・数・格に応じて、定冠詞 der と同じような語尾変化をする。

定冠詞類の格変化（dieser の例）

	男性	女性	中性	複数
1格（～は / が）	dieser Tisch	diese Lampe	dieses Buch	diese Bücher
2格（～の）	dieses Tisch(e)s	dieser Lampe	dieses Buch(e)s	dieser Bücher
3格（～に）	diesem Tisch	dieser Lampe	diesem Buch	diesen Büchern
4格（～を）	diesen Tisch	diese Lampe	dieses Buch	diese Bücher

➤ dies-, welch-, all-, jed-, jen-, solch-, manch- の後に語尾がつくことに注意。次のようにしないこと。
　（誤りの例）［男性1格］（×）dieserer, ［男性2格］（×）dieseres, ［男性3格］（×）dieserem, ［男性4格］（×）dieseren など

➤ 語尾は -e, -er, -es, -em, -en のいずれかである。定冠詞と異なり、女性1・4格の語尾は -e、中性1・4格の語尾は -es となることにも注意。☞ Lektion 2 ③ 10頁

Welchen Rucksack findest du gut? – **Diesen** Rucksack finde ich gut.

君はどのリュックサック 男 をいいと思いますか？ － このリュックサックがいいと思います。

➤ welcher は、複数の具体的な選択肢の中から「どれ？」と尋ねる場合に用いる。これに対し、尋ねる側が具体的な選択肢のイメージを持っておらず「どんな（種類の）～？」と漠然と尋ねる場合は **was für ein...**（英：*what kind of...*）という形を用いる。この ein は不定冠詞で、後ろの名詞の性・格に応じた変化をする（複数名詞や不可算名詞の場合は ein はつけない）。Was für einen Rucksack suchst du? どんなリュックサックを探しているの？　Was für Bücher lesen Sie gern? どんな本を読むのがお好きですか？

Der Lehrer schreibt **allen** Schülern eine E-Mail.　先生はすべての生徒たち 複 に E メールを送る。

Jedes Kind spielt gern.　どの子ども 中 も遊ぶのが好きなものだ。

➤ jeder は単数形の名詞にのみつく。

58

② 所有冠詞 unser と euer の変化

所有冠詞の unser と euer は、語尾がつくと、発音しやすいように語幹の e が脱落することがある。

	男性	女性	中性	複数
1格	unser△ / euer△	unsre / eure	unser△ / euer△	unsre / eure
2格	unsres / eures	unsrer / eurer	unsres / eures	unsrer / eurer
3格	unsrem / eurem	unsrer / eurer	unsrem / eurem	unsren / euren
4格	unsren / euren	unsre / eure	unser△ / euer△	unsre / eure

➤ なお、unser と euer の er を語尾と勘違いして、次のようにしないこと。
(誤りの例)[男性2格](×)unses, [男性3格](×)unsem, [男性4格](×)unsen など

③ 人称代名詞の2格　stepUP

人称代名詞の2格は所有関係を表さず、特定の前置詞、動詞、形容詞とセットで使われる。これらは現代では日常的に使われることは少ない。

Ich gedenke **ihrer**.　私は彼女のことをしのぶ。

Das Kind ist sich **seiner** selbst bewusst.　その子は物心がついている。

	単数					複数			単数・複数
	1人称	2人称	3人称			1人称	2人称	3人称	2人称
	ich	du(親称)	er	sie	es	wir	ihr(親称)	sie	Sie(敬称)
2格(〜の)	meiner	deiner	seiner	ihrer	seiner	unser	euer	ihrer	Ihrer

④ 3格目的語をとる注意すべき動詞

動詞の中には3格の目的語のみをとる動詞がある。中には3格だからといって日本語の「〜に」に対応しない場合もあるので注意する必要がある。

folgen ＋ 3格　〜のあとについて行く　　　Er folgt ihr.　彼は彼女のあとについて行く。

helfen ＋ 3格　〜を助ける　　　　　　　　Ich helfe meinen Eltern.　私は両親の手伝いをする。

danken ＋ 3格　〜に感謝する　　　　　　　Ich danke Ihnen sehr.　私はあなたにとても感謝しています。

schmecken ＋ 3格　[食べ物などが]〜にとって…な味がする、おいしい

　Die Suppe schmeckt mir gut.　このスープはおいしい。

gefallen ＋ 3格　[何かが]〜の気に入る、好みにかなう

　Die Schuhe gefallen mir.　私はこの靴が気に入っている(この靴は私の好みにかなう)。

gehören ＋ 3格　[ある物が]〜の所有物である　　Das Auto gehört mir.　この車は私のものです。

また、以下の動詞は、日本語では「〜に」と訳すが、4格の目的語をとるので注意。

fragen ＋ 4格　〜に尋ねる　　　　　　　Sie fragt den Lehrer.　彼女は先生に質問する。

grüßen ＋ 4格　〜にあいさつする

　Der Professor grüßt die Studenten.　その教授は学生たちにあいさつをする。

なお、4格の目的語をとる動詞のことを他動詞といい、それ以外(3格の目的語をとるもの、目的語をとらないもの)を自動詞という。

[5] 疑問代名詞 wer, was の格変化

疑問代名詞の wer と was も以下のように格変化する。

	誰？	何？
1格（〜は / が）	wer	was
2格（〜の）	wessen	-
3格（〜に）	wem	-
4格（〜を）	wen	was

Wer ist das?　これは誰ですか？

Wessen Auto ist das?　これは誰の車ですか？

Wem gehört das Auto?　これは誰の車ですか？

Wen fragst du?　君は誰に尋ねるの？

Was ist los?　何が起こったの？（どうしたの？）

Was trinkst du?　君は何を飲む？

[6] 3格目的語と4格目的語の語順

3格目的語と4格目的語を両方とる動詞の場合、4格目的語が代名詞かそうでないかによって語順が異なるので注意。

① **4格が代名詞ではない場合：　3格 + 4格**

Ich gebe dem Lehrer das Buch.　私は先生にその本を渡します。

Ich gebe ihm das Buch.　私は彼にその本を渡します。

② **4格が代名詞の場合：　4格 + 3格**

Ich gebe es dem Lehrer.　私は先生にそれを渡します。

Ich gebe es ihm.　私は彼にそれを渡します。

Lektion 4　＋ Plus! 文法

[1] 2格支配の前置詞

statt　〜の代わりに　　**trotz**　〜にもかかわらず　　**während**　〜の間に

wegen　〜のために〔理由〕など

trotz des Regens　雨 男 にもかかわらず　　**wegen** der Krankheit　病気 女 のために

➤　2格支配の前置詞は口語では3格をとる傾向にある（特に wegen の場合）。

[2] 3・4格支配の前置詞における場所と方向

図書館の「外部」から「中」へ移動する場合のように、運動の「方向」があるときは4格になる。しかし、図書館の中で座って（静止状態）本を読んでいようが、本を探して動き回っていようが、彼が図書館という限定された空間の中にいるのなら「場所」としてとらえて、in のあとは3格になる。

[3] 前置詞と事物を指す代名詞の融合形

前置詞と代名詞を組み合わせる場合、「人」を指す代名詞であれば、人称代名詞（ ☞ Lektion 3 [3] 15頁）を用いるが、「事物」を指す代名詞であれば、da(r) ＋前置詞（darauf, dabei, damit, daran, darum など）の形で前置詞と融合させる（da のあとにくる前置詞の頭文字が母音であれば dar ＋前置詞）。

Ich fahre **mit meiner Frau**. 私は妻 人 と行く。 → Ich fahre **mit ihr**. 私は彼女と行く。
Ich fahre **mit dem Auto**. 私は車 事物 で行く。 → Ich fahre **damit**. 私はそれで行く。

また疑問詞 was を前置詞と組み合わせる場合、wo(r)＋前置詞の形になる。
Worauf warten Sie? あなたは何を待っているのですか？
Ich warte **auf den Bus**. 私はバス 事物 を待っています。

Auf wen warten Sie? あなたは誰を待っているのですか？
Ich warte **auf meine Frau**. 私は妻 人 を待っています。

➤ auf 人・物⁴ warten ～を待つ（英：*wait for ~*）

➤ 疑問代名詞については Lektion 3 ➕ /Plus! 文法 ⑤ 60頁

④ **非人称の es の省略**

Es ist mir heiß. → Mir ist heiß. 私は暑い。

「私は暑い」という「生理的現象」を表現する場合も、ich を主語にするのではなく、非人称の es を主語にして、ich の3格 mir を使って表現する。このとき mir を文頭に出すと非人称の es は省略される。ただし、非人称の es は本文で例示した（1）天候表現、（2）時刻表現、（3）熟語表現の場合には省略されない（さらに音やにおいの表現の場合も）。

⑤ **時刻表現**

時刻表現には24時間制（公式）と12時間制（非公式）がある。24時間制は交通機関や報道の場で用いられ、12時間制は日常で用いられる。12時間制では前置詞の vor（～前）や nach（～過ぎ）、Viertel（英：*quarter* 4分の1、15分）や halb（英：*half* 2分の1、30分）を使って表現する。

Wie spät ist es? / Wie viel Uhr ist es? 何時ですか？

	24時間制	12時間制
19.00 Uhr	Es ist neunzehn Uhr.	Es ist sieben (Uhr).
19.05 Uhr	Es ist neunzehn Uhr fünf.	Es ist fünf nach sieben.
19.15 Uhr	Es ist neunzehn Uhr fünfzehn.	Es ist Viertel nach sieben.
19.30 Uhr	Es ist neunzehn Uhr dreißig.	Es ist halb acht.*
19.45 Uhr	Es ist neunzehn Uhr fünfundvierzig.	Es ist Viertel vor acht.
19.55 Uhr	Es ist neunzehn Uhr fünfundfünfzig.	Es ist fünf vor acht.

＊ halb を使って「7時半」を表現する場合、8時に向かって30分経過したという意味で、halb のあとに sieben ではなく acht をもってくる。英語の *half past seven* という表現との違いに注意する。

➤ 24時間制で「1時（1 Uhr）です」、「13時（13 Uhr）です」という場合、それぞれ次のようにいう。

1 Uhr Es ist ein Uhr.

13 Uhr Es ist dreizehn Uhr.

12時間制ではいずれも「1時です」というが、次のような2通りの言い方がある。

1（13）Uhr Es ist ein Uhr. / Es ist eins.

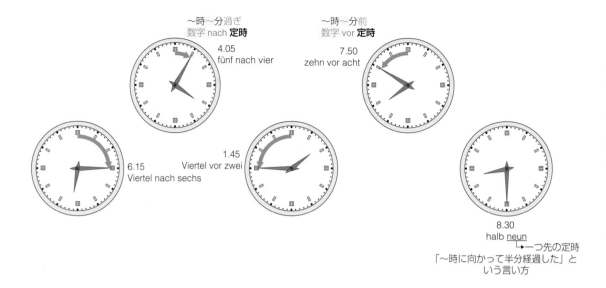

~時~分過ぎ
数字 nach **定時**

4.05
fünf nach vier

~時~分前
数字 vor **定時**

7.50
zehn vor acht

6.15
Viertel nach sechs

1.45
Viertel vor zwei

8.30
halb <u>neun</u>
└→一つ先の定時
「～時に向かって半分経過した」と
いう言い方

Lektion 5 ＋ Plus! 文法

① 動詞の変化の3つの型　stepUP

　不規則変化動詞の3基本形は2つの変化のパターンに分かれると本文で書いたが、規則動詞も含め3つの変化には弱変化、強変化、混合変化という呼称もある。

➤　この呼称については ☞ Lektion 5 ドイツ語の「なぜ」？ 25頁

●規則動詞 → 弱変化

●不規則動詞① → 強変化
　その変化のパターンは以下の3種類のいずれかになる。

sprechen　　sprach　　gesprochen（英：*speak*）
finden　　　fand　　　gefunden（英：*find*）
gehen　　　ging　　　gegangen（英：*go*）
などは、幹母音が全部違うので a-b-c のパターン

fliegen　　　flog　　　geflogen（英：*fly*）
frieren　　　fror　　　gefroren（英：*freeze*）
stehen　　　stand　　　gestanden（英：*stand*）
などは、過去基本形と過去分詞の幹母音が同じなので a-b-b のパターン

geben　　　gab　　　gegeben（英：*give*）
kommen　　kam　　　gekommen（英：*come*）
sehen　　　sah　　　gesehen（英：*see*）
などは、過去分詞でまた不定詞の幹母音に戻るので a-b-a のパターン

●不規則動詞② → 混合変化

これは、規則変化を基本とし、幹母音が変わるので、「弱変化」と「強変化」をミックスさせたような変化なので「混合」変化と言う。

bringen　　brachte　　gebracht（英：*bring*）
denken　　dachte　　gedacht（英：*think*）

本文にも書いたように、幹母音の変化のパターンは a-b-b である。

Lektion 6 ＋ Plus! 文法

① 枠構造

枠構造はドイツ語文法の重要な特徴の1つ。完了形のほかに、1. 受動形、2. 未来形、3. 話法の助動詞を含む文や、4. 分離動詞を含む文も枠構造をつくる。

	定動詞	文末
完了形	haben/sein	過去分詞
受動形	werden/sein	過去分詞
未来形	werden	不定形
話法の助動詞	助動詞	不定形
分離動詞	定動詞	分離前つづり

② 従属接続詞と並列接続詞

接続詞には従属接続詞のほかに、2つの主文（定動詞2番目）を対等に結びつける並列接続詞（und そして、oder あるいは、aber しかし、denn なぜなら　など）がある。対等に結びつけるとは、語順（定動詞の位置）に影響を与えないということ。

Ich gehe in die Uni,　　aber　　er geht ins Kino.
　　　　主文　　　　　並列接続詞　　　主文
私は大学へ行くけれど、彼は映画へ行きます。

Ich gehe in die Uni,　　obwohl es stark regnet.
　　　　主文　　　　　従属接続詞　　副文
雨が強く降っているけれど、私は大学へ行きます。

③ dass 副文と zu 不定詞句　stepUp

主語や目的語、副詞類として機能する dass 副文の主語が、主文の**主語**と一致する場合、dass 副文は zu 不定詞句によって書き換えることができる。

Er hofft, dass er schnell wieder gesund wird. ⇒ Er hofft, schnell wieder gesund zu werden.
彼はすぐにまた元気になることを望んでいます。

dass 副文の主語が、主文の**目的語**と一致し、誤解を招く恐れのない場合も、dass 副文は zu 不定詞句によって書き換えることができる。

Ich verbiete dir, dass du rauchst. ⇒ Ich verbiete dir, zu rauchen.
私は君が喫煙するのを禁止します。

4 副文および zu 不定詞句の相関詞 es stepUP

dass 副文 / zu 不定詞句を先取りする主文の**主語** es は文頭以外で省略することができる。

Besonders freut (es) mich, dass du dabei bist.　君がいてくれることが私は特に嬉しいです。

dass 副文 / zu 不定詞句を先取りする主文の4格目的語 es は文頭に置くことはできないが、動詞によっては省略することができる。

Ich habe (es) vergessen, dir zu antworten.　私は君に返事をするのを忘れていました。

5 zu 不定詞句の特殊用法 stepUP

この用法では zu 不定詞句はコンマで区切られない。

zu 不定詞句 + haben（必要）「しなければならない」
Ich habe eine Arbeit zu erledigen.
私には片付けなければならない仕事があります。
（仕事を片付けることをしなければならない）

zu 不定詞句 + sein（受動＋必要）「されなければならない」
Diese Arbeit ist noch heute Morgen zu erledigen.
この仕事は今日の朝のうちに片付けられなければなりません。
（今日の朝のうちに片付けることがされなければならない）

zu 不定詞句 + sein（受動＋可能）「されうる」
Diese Arbeit ist leicht zu erledigen.
この仕事はたやすく片づけられます。
（たやすく片づけることがされうる）

Lektion 7 ＋ Plus! 文法

1 話法の助動詞の独立用法

話法の助動詞が文末に本動詞を伴わず、単独で用いられる場合がある。本動詞が省略可能な事例としては、以下のものがあげられる。

① 文脈から判断ができる場合
Der Student kann gut Englisch (sprechen).　その学生は上手に英語を話すことができます。

② 方向を表す語句が入っている場合
Ich muss heute zur Post (gehen).　私は今日郵便局 囡 に行かなければなりません。

2 本動詞として用いられる mögen

mögen は話法の助動詞としてだけではなく本動詞としても用いられ、「～が好きである」という意味になる。
Ich mag ihn.　私は彼が好きです。
Sie mag kein Fleisch.　彼女は肉 囲 がきらいです。

話法の助動詞の3基本形　step🔼p

不定詞	過去基本形	過去分詞形
dürfen	durfte	gedurft（dürfen）
können	konnte	gekonnt（können）
müssen	musste	gemusst（müssen）
sollen	sollte	gesollt（sollen）
wollen	wollte	gewollt（wollen）
mögen	mochte	gemocht（mögen）

Gestern wollte Herr Schmidt einen Freund besuchen.　昨日シュミットさんは友人を訪ねるつもりだった。

☞ 過去人称変化については Lektion 5 ２ 23頁

4 **話法の助動詞の完了形**　step🔼p

　話法の助動詞が完了形を作るとき、完了の助動詞は haben が用いられる。完了形において話法の助動詞が動詞の不定詞を伴う場合には、過去分詞は不定詞と同形となる。これに対し、話法の助動詞が単独で用いられる独立用法では、過去分詞は ge- がつく形となる。

　Der Student hat gut Fußball spielen können.
　その学生は上手にサッカーをすることができた。
　Der Student hat gut Englisch gekonnt.
　その学生は上手に英語を話すことができた。

➤　語法の助動詞は完了形ではなく、過去形を使うことが多い。
　Der Student konnte gut Fußball spielen.

Lektion 8 ➕ Plus! 文法

1 **分離する場合としない場合のある前つづり**　step🔼p

　アクセントをもつ分離動詞の前つづりとしても、アクセントをもたない非分離動詞の前つづりとしても使われる8つの前つづりがあり、動詞の意味もそれぞれ異なる。

durch-, hinter-, über-, um-, unter-, voll-, wider-, wieder-

例：über|setzen 分離動詞　　über·setzen 非分離動詞
Die Fähre setzt die Passagiere ans andere Ufer über.　そのフェリーは乗客を向こう岸へ渡す。
Sie übersetzt die Geschichte ins Deutsche.　彼女はその物語をドイツ語に翻訳する。

2 **受動文の現在完了形**
Der Film wird von der Presse gelobt.　その映画は新聞雑誌によってほめられる。
　この受動文を現在完了形にするには、

1）werden という受動の助動詞は完了形では sein 支配である。
2）受動の助動詞 werden の過去分詞は本動詞としての werden（～になる）の過去分詞 geworden と区別するため **worden** を使い、文末に置く。

Der Film **ist** von der Presse **gelobt worden**. となる。
（英：*The movie has been praised by the press.*）

③ 自動詞の受動文

英語の *We don't work today.* という文において、*work* は自動詞（直接目的語をもたない動詞）である。英語はこの能動文を受動文にすることはできないが、ドイツ語では主語のない受動文を作ることが可能である。

能動文 Wir arbeiten heute nicht.

→受動文 Heute wird nicht gearbeitet.（von uns は不要）

ただし文頭におく文成分がないときは形式上の主語 es をおく。

<u>Es</u> wird heute nicht gearbeitet.

④ 3格、4格の二つの目的語を持つ能動文の受動文

Er schenkt ihr eine CD.　彼は彼女に CD をプレゼントする。

英語の *He gives her a CD.* を受動文にした場合、

A CD is given her by him.

She is given a CD by him.

の両方が可能であるが、ドイツ語ではあくまで4格目的語のみが受動文の主語になる。

Eine CD wird ihr von ihm geschenkt.

☞ Lektion 8 ドイツ語の「なぜ」? 37頁

Lektion 10 ➕ Plus! 文法

① 接続法第1式

いまだ事実でないか、事実と断言できないものは接続法第1式で表す。**間接話法**と**要求話法**に用いられる。

接続法第1式の人称変化

動詞の語幹＋e が**接続法第1式**の基本形である。例外は sein のみ。人称変化は接続法第1式の基本形に**過去人称変化語尾**をつける。

不定詞		規則動詞	不規則動詞						話法の助動詞
		wohnen	**gehen**	**kommen**	**haben**	**werden**	**sein**		**können**
接続法第1式基本形		wohne	gehe	komme	habe	werde	sei		könne
ich	-	wohne	gehe	komme	habe	werde	sei		könne
du	-st	wohnest	gehest	kommest	habest	werdest	sei[e]st		könnest
er/sie/es	-	wohne	gehe	komme	habe	werde	sei		könne
wir	-n	wohnen	gehen	kommen	haben	werden	seien		können
ihr	-t	wohnet	gehet	kommet	habet	werdet	seiet		könnet
sie/Sie	-n	wohnen	gehen	kommen	haben	werden	seien		können

② 接続法第1式の用法

(1) 間接話法 誰かの発話（直接話法）を誰かに伝える（仲介者となる）表現である。

① 現在形の間接話法

Der Politiker sagt/sagte: „Ich nehme keine Spende an."

→ Der Politiker sagt/sagte, er **nehme** keine Spende **an**.

「私は献金を受け取らない」とその政治家は言う / 言った。

② **過去形または完了形の間接話法**

完了形の形式に統一して、助動詞を接続法第1式の形にする。

Er sagt/sagte: „Ich nahm keine Spende an."

„Ich habe (hatte) keine Spende angenommen."

→ Er sagt/sagte, er **habe** keine Spende **angenommen**.

「私は献金を受け取らなかった」とその政治家は言う / 言った。

➤ ドイツ語では英語と異なり、主文と間接引用文の時制を一致させる必要はない。

接続法第1式を使うと直説法と同形になる場合は、間接話法でも接続法第2式を使う。

Er sagt/sagte: „Wir gehen heute Abend ins Konzert."

彼は「今晩私たちはコンサートへ行く」と言う / 言った。

→ Er sagt/sagte, sie **gingen** heute Abend ins Konzert.

第1式を使うと sie gehen... (＝直説法と同形) になる。

③ **疑問文の間接話法**

Sie fragt/fragte ihn: „Gehst du heute mit mir ins Kino?"

彼女は「今日いっしょに映画に行く？」と彼にたずねる / たずねた。

→ Sie fragt/fragte ihn, **ob** er heute mit ihr ins Kino **gehe**.

➤ ドイツ語では英語と異なり、時間や場所を表す副詞を変える必要はない。

決定疑問文では、ob を接続詞として用いる。

Sie fragt/fragte ihn: „Wohin gehst du morgen?"

彼女は「明日はどこへ行くの？」と君にたずねる / たずねた。

→ Sie fragt/fragte ihn, **wohin** er morgen **gehe**.

疑問詞のある疑問文では、その疑問詞を接続詞として用いる。

④ **命令文の間接話法** **stepUP**

Er sagt/sagte zu ihr: „Warte einen Moment!" 彼は「ちょっと待って」と彼女に言う。

→ Er sagt/sagte ihr, sie **solle** einen Moment **warten**.

Er sagt/sagte zu ihr: „Warten Sie bitte einen Moment!"

彼は「ちょっと待ってください」と彼女に言う / 言った。

→ Er sagt/sagte ihr, sie **möge** einen Moment **warten**.

命令の場合 (du に対して) は sollen の、依頼・お願いの場合 (Sie に対して) は mögen の接続法第1式を用いる。

(2) **要求話法** **stepUP**   実現の可能性のあると思える要求、願望などを表す。

Man **nehme** täglich drei Tabletten.   一日3錠服用のこと。

Nehmen Sie bitte Platz!   どうぞ掛けて下さい！

Lernen wir Deutsch!   ドイツ語を学びましょう！

➤ この二つの文は **Sie に対する命令形**と **wir に対する勧誘表現**である。   ☞ Lektion 9 ② 39頁

➤ 直説法と接続法第1式が同形のため**倒置**で表現する。

③ 接続法第2式の過去形 **stepUP**

過去の事実に反する仮定

過去の事実に反する仮定には完了形の接続法第2式を用いる。完了形の接続法第2式は完了の助動詞 haben,

sein の接続法第2式と文末に置かれた過去分詞で作る。(= **hätte/wäre** + 過去分詞（文末））

Wenn ich Zeit und Geld **gehabt hätte, wäre** ich nach Deutschland **geflogen**.
時間とお金があったなら、私はドイツに行っていたのに。

Lektion 11 ➕ Plus! 文法

1 相互代名詞

再帰代名詞の中で、主語の相互関係を表すものを相互代名詞と呼ぶ。主に複数形で用いられる。
Sie lieben sich seit vielen Jahren.　彼らは何年も前から愛し合っている。

2 再帰代名詞の位置　step**UP**

(1) **主語＋定動詞の文では、定動詞の直後に置く。**
　　Sie hat sich gestern erkältet. 彼女は昨日風邪をひきました。
　　➤ 再帰動詞を使って完了形を作る場合、完了の助動詞は haben を用いる。

(2) **定動詞＋主語の文または副文では、以下のようになる。**
　　① 主語が人称代名詞および不定代名詞の man のときは、主語の直後に置く。
　　　 Gestern hat sie sich erkältet.　昨日彼女は風邪をひきました。
　　② 主語が名詞または man 以外の不定代名詞のときは、主語の直前に置く。
　　　 Gestern hat sich meine Mutter erkältet.　昨日私の母は風邪をひきました。

3 形容詞の格変化

形容詞が名詞を修飾する場合、冠詞の有無や種類、名詞の性・数・格に応じて -e, -er, -es, -em, -en のいずれかの語尾がつく。☞ Lektion 2 3 10-11頁および Lektion 3 1 14頁

(1) 定冠詞（類）＋形容詞＋名詞
　　定冠詞が名詞の性・数・格を明示するので、形容詞は**男性1格および中性1・4格、女性1・4格が** -e、それ以
　　外はすべて -en となる。

	男性名詞	女性名詞	中性名詞	複数形
1格	der gute Vater	die gute Mutter	das gute Kind	die guten Kinder
2格	des guten Vaters	der guten Mutter	des guten Kind(e)s	der guten Kinder
3格	dem guten Vater	der guten Mutter	dem guten Kind	den guten Kindern
4格	den guten Vater	die gute Mutter	das gute Kind	die guten Kinder

(2) 不定冠詞（類）＋形容詞＋名詞
　　ほとんど(1)と同じ変化だが、不定冠詞に語尾がつかないところ、つまり**男性1格、中性1・4格のみ**定冠詞
　　類の語尾がつき、男性1格が -er、中性1・4格が -es となる。
　　☞【定冠詞類の格変化】については Lektion 3 ➕ Plus! 文法 1 58頁

	男性名詞	女性名詞	中性名詞	複数形
1格	ein△ guter Vater	eine gute Mutter	ein△ gutes Kind	meine guten Kinder
2格	eines guten Vaters	einer guten Mutter	eines guten Kind(e)s	meiner guten Kinder
3格	einem guten Vater	einer guten Mutter	einem guten Kind	meinen guten Kindern
4格	einen guten Vater	eine gute Mutter	ein△ gutes Kind	meine guten Kinder

(3) 形容詞＋名詞

無冠詞で用いられる名詞の場合は形容詞が定冠詞の代わりをし、名詞の性・数・格を表す。ただし、名詞に -(e)s がつく**男性と中性の2格は -en** となる。

	男性名詞	女性名詞	中性名詞	複数形
1格	guter Wein	warme Milch	kaltes Bier	gute Getränke
2格	guten Wein(e)s	warmer Milch	kalten Bier(e)s	guter Getränke
3格	gutem Wein	warmer Milch	kaltem Bier	guten Getränken
4格	guten Wein	warme Milch	kaltes Bier	gute Getränke

④ 形容詞の名詞化

形容詞の頭文字を大文字で書き始めると名詞として用いることができる。男性・女性・複数はその形容詞が表す性質をもつ人を、中性は形容詞が表す性質をもつ物や事を意味する。

男性1格
der Deutsche　そのドイツ人男性
ein Deutscher　1人のドイツ人男性

女性1格
die Deutsche　そのドイツ人女性
eine Deutsche　1人のドイツ人女性

複数1格
die Deutschen　そのドイツ人たち
　　　Deutsche　ドイツ人たち

中性1格
das Gute　　善
etwas Gutes　何か善いもの

▷ 〔**ここがポイント**〕

1. 名詞化された形容詞にも格語尾がつきます。
2. 中性は **etwas** や **nichts** とともに用いられることが多いです。その場合 ╋〔Plus! 文法〕③ の表(3)「形容詞＋名詞」
   の変化をします。

⑤ 比較級・最上級の付加語的用法

比較級や最上級が名詞を修飾する場合は、冠詞の有無や種類、名詞の性・数・格に応じて**語尾**をつける。
Ich habe einen älter**en** Bruder.　　　　　　私には兄が1人います。
Berlin ist die größ**te** Stadt Deutschlands.　ベルリンはドイツの最大の都市です。

Lektion 12 ╋〔Plus! 文法〕

① 指示代名詞

er, sie, es などの3人称の人称代名詞の代わりに、「他ならぬこの・その」と、より指示性を強調するために指示代名詞を使うことがある。指示代名詞の形は関係代名詞と同じである。指示代名詞は文頭（定動詞の前）に置かれることが多い。

	男性	女性	中性	複数
1格	der	die	das	die
2格	dessen	deren	dessen	deren
3格	dem	der	dem	denen
4格	den	die	das	die

Wie findest du die Schuhe? — **Die** finde ich gut.　この靴どう思う？ — それいいと思うよ。
Das ist mein Bruder, und **das** sind meine Eltern.　これは私の兄（弟）です。そしてこれが私の両親です。

➤ 人や物を紹介するときに使うこの das も指示代名詞で、紹介するものの性・数にかかわりなく das という形を使う。紹介するものが複数の場合は、動詞は複数の人称変化をする。

② 不定関係代名詞 wer, was の格変化 step↑P

不定関係代名詞 wer, was の格変化は、疑問代名詞 wer, was（☞ Lektion 3 ➕ Plus! 文法 ⑤ 60頁）と同形である。

1格	wer	was
2格	wessen	-
3格	wem	-
4格	wen	was

Was（1格）mir am meisten Spaß gemacht hat, [das] war das Tanzen mit allen.
一番楽しかったことはみんなとダンスしたことです。

Was（4格）Sie gerade gesagt haben, [das] finde ich sehr interessant.
あなたが今おっしゃったことはとても興味深いと思います。

Wer dich liebt, [der] ist glücklich.　　　　　君を愛する人は、幸せだ。

Wessen Liebe groß ist, der ist glücklich.　　愛が大きい人は、幸せだ。

Wem du hilfst, der ist glücklich.　　　　　　君が助けてあげる人は、幸せだ。

Wen du liebst, der ist glücklich.　　　　　　君が愛する人は、幸せだ。

➤ 不定関係代名詞の関係文が文頭にくる場合、後続の主文の先頭に、その関係文の内容を受け直した指示代名詞（was の場合は中性の das、wer の場合は男性の der）が置かれるのが基本である。ただし、was..., das... および wer..., der... という対応になっている場合は指示代名詞は省略できる（上の例で[das], [der]となっているところ）。

③ 先行詞をとる不定関係代名詞 was step↑P

不定関係代名詞の was は、etwas, nichts, alles などの不定代名詞、指示代名詞 das、中性名詞化した形容詞（特に最上級）を先行詞とすることがある。

Hier gibt es nichts, **was** mir gefällt.　　　　ここには私の気にいるものは何もない。

Das ist alles, **was** ich weiß.　　　　　　　　これが私の知っているすべてです。

Das ist genau das, **was** ich wollte.　　　　　これこそまさに私が欲しかったものです。

Das ist das Beste, **was** ich tun kann.　　　　これが私のできる最上のことです。

さらに、was は主文の内容全体を受けることもある。

Er kommt immer spät, **was** mich sehr ärgert.

　　　　　　　　　　　彼はいつも遅れてくるのだが、そのことが私をとても怒らせる。

④ 関係副詞 wo step↑P

先行詞が時や場所を表す名詞のとき、関係副詞 wo を用いることができる。関係副詞は関係文中で副詞の役割を果たす。

Wien ist die Stadt, **wo** Mozart gestorben ist.　ウィーンはモーツァルトが亡くなった街です。

Das war die Zeit, **wo** Mozart noch lebte.　　　それはまだモーツァルトが生きていた時代でした。

先行詞が一般名詞の場合、関係副詞 wo は「前置詞 + 関係代名詞」で言い換えることができる。

Wien ist die Stadt, **in der** Mozart gestorben ist.

Das war die Zeit, **in der** Mozart noch lebte.

先行詞が地名の場合は、必ず関係副詞 wo を使う。

Das ist Wien, **wo** Mozart gestorben ist.　　　あれがモーツァルトが亡くなったウィーンです。

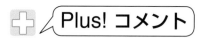

Plus! コメント

Lektion 2 Plus! コメント

① 文法上の性と自然の性

「自然の性」に従うものもあります。たとえば Vater 父、Bruder 兄（弟）は男性名詞、Mutter 母、Schwester 姉（妹）は女性名詞です。また、語尾と関係する性も一部あります。たとえば -ung（Übung 囡 練習）、-heit, -keit, -tät, -tion などで終わるものは女性名詞です。

② 2格の -s と -es の付与の規則性

男性・中性名詞の2格語尾については、des Mann**s** または Mann**es** のようにどちらでもよいことが多いのですが、Vater のような綴りでは、Vateres の -ere- という発音を避けるため、s だけがつきます。（🔖 Lektion 3 ➕ Plus! 文法 59頁 **unser** の項参照）。同様に、-el, -em, -en という語尾の場合も -s がつくのが一般的です。語尾が -s, -ss, -ß, -tz, -x, -z で終わるものには -es を付けます。（Kurs 圐 講習、Fuß 圐 足など）

③ ドイツ語の冠詞の役割

英語の *The mother loves the father.* にあたるドイツ語は Die Mutter liebt den Vater. ですが、これを Den Vater liebt die Mutter. として主語と目的語の語順が逆になっても意味は変わらないことは明確です。ドイツ語では der Vater は「父は」という主語であり、den Sohn は「息子を」という目的語であり、文のどこに置かれても「父は」「息子を」であることは変わりません。冠詞の形でそれがわかります。冠詞はその名詞の性と格を示す重要な指標です。

Lektion 3 Plus! コメント

① まぎらわしい ihr

これまで ihr という語がたびたび登場しました。同じつづりでもまったく意味が違うものが数種類ありますので、混同しないように注意してください。

ihr 君たちは（人称代名詞1格）🔖 Lektion 1 ① 6頁
ihr 彼女に（人称代名詞3人称単数女性形 sie の3格）🔖 Lektion 3 ③ 15頁
ihr 彼女の、彼（女）ら／それらの（所有冠詞3人称単数女性、3人称複数）🔖 Lektion 3 ① 14頁
Ihr あなた（がた）の（所有冠詞2人称敬称）🔖 Lektion 3 ① 14頁

所有冠詞の2人称敬称の Ihr（あなた［がた］の）は、同じく所有冠詞3人称複数の ihr（彼［女］ら／それらの）の頭文字を大文字にしたものです。これは人称代名詞の2人称敬称の Sie（あなた［がた］は）が、3人称複数の sie（彼［女］ら／それらは）の頭文字を大文字にしたのと同種の現象です。🔖 Lektion 1 ① 6頁

② 3人称の所有冠詞の性について

3人称単数の所有冠詞は、「～の」と言われるその「～」が男性名詞か中性名詞を指す場合は sein、女性名詞なら ihr を使います。つまり sein は「彼の」「それの」、ihr は「彼女の」とは訳せない場合があるので注意してください。以下の例を見てください。

Ich kenne das Mädchen. Aber **seinen** Vater kenne ich nicht.
私はその女の子 囲 を知っています。しかし彼女の父親は知りません。

Musik und **ihr** Nutzen
音楽 囡 とその効用

③ 3人称の人称代名詞と定冠詞の照応関係について

3人称の代名詞（男性・女性・中性・複数）の1・3・4格の形に注目してみましょう。 Lektion 2で学習した定冠詞とどこか似ていますね。そう、語末がぴたりと揃っています。表にして比べてみましょう。

	男性		女性		中性		複数	
	定冠詞	人称代名詞	定冠詞	人称代名詞	定冠詞	人称代名詞	定冠詞	人称代名詞
1格	der	er	die	sie	das	es	die	sie
3格	dem	ihm	der	ihr	dem	ihm	den	ihnen
4格	den	ihn	die	sie	das	es	die	sie

なぜこうした一致が起きるのでしょうか。そもそも3人称とは、「私」（1人称）と「あなた」（2人称）の対話に登場する「私」と「あなた」以外のあらゆるものを指します。話題にのぼったものは、最初は不定冠詞つきの名詞として登場し、次に定冠詞がつき、最後に代名詞に置き換えられる、というのが典型的なパターンです。つまり3人称の代名詞というのは、（その名のとおり）名詞の代わりに使うものなので、その名詞につく冠詞と語末が揃うことによって、代名詞と冠詞との対応関係がはっきりと示されているというわけです。冠詞であろうと人称代名詞であろうと、同じ格であれば同じ語末になる、とも言えます。

一方、ワンセットの「対話」の人称である1人称と2人称の3・4格においては、mir/dir、mich/dich というように、人称の対応関係が明示的に表現されています。

Lektion 4 ➕ Plus! コメント

① 2格支配の前置詞の由来

während は違いますが、元々2格の前置詞は名詞からきているもので、statt なら Statt で「場所」という意味です。だから、Statt des Vaters といえば、「父の場所」という意味で、父の場所を（他の誰かが）占める、つまりは「父の代わりに」となります。「名詞」出身であるからこそ、2格の名詞が後ろから前の名詞に掛かっているのです。

同様に trotz → Trotz（反抗）なので trotz des Regens は「雨に逆らって」つまり「雨にもかかわらず」となります。また wegen は元々は Weg（道）という名詞なので、wegen der Krankheit「病気のために」欠席したという場合には「病気」（原因）から「欠席」（結果）という「道」筋ができるので「病気が理由で、病気のために」という意味になるわけです。

② 非人称の es　言語と文化

日本語では主語を立てずに表現するのが普通である自然現象や生理現象も、ドイツ語では非人称の es という主語を立てて言語化します。ドイツ語ではあらゆる事態を「主体が〜する」という形で表現するのが重要なのです。このことは日本が「集団の和」を、ドイツ語圏が「主体性や個」を重んじる文化だとみなされることとも密接に関係しています。また、「責任」という概念が「行為者＝〜する主体」の存在を前提することも日独の言語と文化の関係を考える上で興味深い点です。精神分析を確立したフロイトが、主体性の背後に潜む無意識の本能や衝動を大文字で Es とよんだことも指摘しておきます。

Lektion 5 ➕ Plus! コメント

① 英語の不規則動詞

ドイツ語の強変化動詞は英語の次のような不規則変化をする動詞と対応しています。

give　　　*gave*　　　*given*

speak　　*spoke*　　*spoken*

take　　　*took*　　　*taken*

幹母音の交替のパターンがドイツ語のように3種類あり、過去分詞が -en で終わることがドイツ語と共通しています。

　また、混合変化については、英語の、

bring　　*brought*　　*brought*
teach　　*taught*　　*taught*

といったタイプの変化の動詞と対応していて、過去形と過去分詞が同じになります。ドイツ語の混合変化動詞の過去基本形、過去分詞の変化のタイプが1種類で、過去基本形と過去分詞が同じことと共通しています。
　ただ、英語の場合、他にもさまざまな変化のパターンがあるのに対し、ドイツ語では不規則変化動詞はほぼこの2つのパターンのいずれかに分類されるのが特徴的です。

② 動詞の人称変化の現在と過去

　次の表で現在人称変化（☞ Lektion 1 ② 6頁）と過去人称変化の語尾を比較します。特徴的なのは1人称 ich と3人称の単数形 er/sie/es で、現在形では形が異なるのに対し、過去形ではどちらも同じ形で、しかも基本形のままになっています。
　その他の人称では、実は同じ語尾が付加されていることがわかります。

	現在形（――には語幹が入る）	過去形（――には過去基本形が入る）
ich	―― e	――
du	―― st	―― st
er/sie/es	―― t	――
wir	―― en	―― (e)n
ihr	―― t	―― t
sie/Sie	―― en	―― (e)n

Lektion 6 ⊞ Plus! コメント

① sein と bleiben の sein 支配

　動詞 sein と bleiben は「場所の移動」も「状態の変化」も表さないのに助動詞 sein と結んで完了形を作るのが不思議に感じられるかもしれません。
　本動詞 sein は werden の完了形 Ich bin ... geworden からの類推で Ich bin ... gewesen のように助動詞 sein をとると考えてもよいでしょう。また、bleiben は古くは「（体に）急にくっつく」という意味だったことを考えれば場所の移動と考えることができますね。

Lektion 7 ⊞ Plus! コメント

① 話法の助動詞の現在人称変化と動詞の過去人称変化の類似性

　話法の助動詞の現在人称変化の表（30頁）を見ると、一人称 ich と三人称単数 er/sie/es が同じ形、そして二人称親称 du がそれに -st をつけた形になっていますが、これが過去形（☞ Lektion 5 ② 23頁）の変化形と似ていることに気づいたでしょうか？
　実はこれにはちゃんと理由があります。ゲルマン語の強変化動詞（☞ Lektion 5 ドイツ語の「なぜ」？ 25頁、⊞ Plus! コメント ① 72頁）の完了形は、過去の行為によって引き起こされた現在の状態を表現できるため、完了形（ドイツ語では過去形）を現在として使うことができました。そのなかに**過去現在動詞**という種類の動詞があります。たとえば、**können** の現在形 **kann** は、本来「私は知った」を意味する完了形に由来し、「知った＞

できる」と変化しました。同様に、同じく**過去現在動詞**の一つである **wissen** の **weiß** も、「私は見た」＞「私は知っている」というつながりです。

　過去現在動詞の現在形がもともと過去形であった証拠としては、**dürfen** の現在形 **darf** と **werfen**（投げる）の過去形 warf が、同じ母音交替で作られていることからもわかります。過去現在動詞では、過去形・過去分詞は、弱変化（つまり -te, ge-t）として新たに作られました（☞ Lektion 5 ドイツ語の「なぜ」? 25頁、➕ Plus! コメント 〔1〕72頁）。たとえば **können** ならば **konnte**, **gekonnt**, そして **dürfen** ならば **durfte**, **gedurft** となったのです。

Lektion 9 ➕ Plus! コメント

〔1〕 wissen と kennen の使い分け

　wissen は「知識として知っていること」を表すのに対して、kennen は「経験的（具体的）に知っていること」を表します。たとえば、友達の父親のことを「知っている」というときに wissen を使えば、友達の父親が何歳であるとか、職業は何をしているかなどを知っている、ということになり、kennen を使えば、実際に会って面識がある、ということになります。なお wissen は副文をとりますが、kennen は副文をとりません。

Wissen Sie, ob der Bus zum Bahnhof fährt?　そのバスが駅まで行くかどうか、ご存じですか？
Kennst du den Studenten dort?　君はあそこにいる学生と面識があるの？

〔2〕 さまざまな命令表現

　命令形以外にもさまざまな命令表現があります。たとえば、母親が子供に「もう寝なさい！」という場合、Schlaf jetzt! という命令形以外に、Du sollst jetzt schlafen! と話法の助動詞 sollen を使って表現したり、Schlafen! と不定詞の形をそのまま使って表現したりします。あるいは、バスなどで Nur vorne einsteigen!「前扉からご乗車ください！」と不定詞句の形で表現したり、軍隊では Stillgestanden!「気をつけ！」と still|stehen という分離動詞の過去分詞を使って表現したりします。

Lektion 12 ➕ Plus! コメント

〔1〕 関係文が置かれる位置の例外

　関係代名詞とそれに導かれる関係文は先行詞の直後に置かれるのが原則ですが、先行詞が枠構造（☞ Lektion 6 〔1〕 26頁）の文末に置かれた定動詞と結びつきの強い要素の直前にある場合、関係文は先行詞の直後ではなく、その文末要素の後に置かれることがあります。

Ich habe gestern einen Hund gesehen, der gern spielt.　私はきのう遊ぶのが好きな犬と会った。
　　　　　　　　　枠構造
Ich möchte einen Hund sehen, der gern spielt.　私は遊ぶのが好きな犬に会いたい。
　　　　　　枠構造

〔2〕 2つの文を関係代名詞を使って1文にするときの手順

　2つの文が与えられ、その1つを関係文にして1文にしなさい、という問題が出されたときは、次の手順に従います。

Das ist das Pferd. Ich gebe dem Pferd jeden Tag Heu.
これがその馬です。私はその馬に毎日干し草をあげています。

① 2つの文中に重複する名詞を見つけます。

Das ist das Pferd. Ich gebe dem Pferd jeden Tag Heu.

② 関係文にする文（ここでは2番目の文）中の重複する名詞を**指示代名詞**（Lektion 12 ➕ 〔Plus! 文法〕 69頁）に代えます（性・数・格は元の文のまま）。このとき指示代名詞は**文頭**に移動します。

→ Das ist das Pferd. Dem gebe ich jeden Tag Heu.
これがその馬です。これに私は毎日干し草をあげています。

③ 1番目の文中の重複する名詞の直後に2番目の文を接続し、**コンマ**で区切ります。さらに2番目の文の**定動詞を末尾へ**移動させます。このとき、形は変わっていませんが、指示代名詞は関係代名詞に置き換わっています。

→ Das ist das Pferd, dem ich jeden Tag Heu gebe.　これが私が毎日干し草をあげている馬です。

　これで完成です。以上から分かるように、関係代名詞は、指示代名詞の機能と従属接続詞の機能をあわせ持っていると言うことができます。

主要不規則動詞変化表

不定詞	直説法現在	過去基本形	接続法第2式	過去分詞
backen （パンなどを）焼く	*du* bäckst (backst) *er* bäckt (backt)	**backte**	backte	**gebacken**
befehlen 命令する	*du* befiehlst *er* befiehlt	**befahl**	beföhle (befähle)	**befohlen**
beginnen 始める，始まる		**begann**	begänne (begönne)	**begonnen**
bieten 提供する		**bot**	böte	**geboten**
binden 結ぶ		**band**	bände	**gebunden**
bitten たのむ		**bat**	bäte	**gebeten**
bleiben とどまる		**blieb**	bliebe	**geblieben**
braten （肉などを）焼く	*du* brätst *er* brät	**briet**	briete	**gebraten**
brechen 破る，折る	*du* brichst *er* bricht	**brach**	bräche	**gebrochen**
brennen 燃える		**brannte**	brennte	**gebrannt**
bringen 持って来る		**brachte**	brächte	**gebracht**
denken 考える		**dachte**	dächte	**gedacht**
dürfen …してもよい	*ich* darf *du* darfst *er* darf	**durfte**	dürfte	**gedurft** **dürfen**
empfehlen 推薦する	*du* empfiehlst *er* empfiehlt	**empfahl**	empfähle (empföhle)	**empfohlen**
erschrecken 驚く	*du* erschrickst *er* erschrickt	**erschrak**	erschräke	**erschrocken**
essen 食べる	*du* isst *er* isst	**aß**	äße	**gegessen**
fahren （乗物で）行く	*du* fährst *er* fährt	**fuhr**	führe	**gefahren**
fallen 落ちる	*du* fällst *er* fällt	**fiel**	fiele	**gefallen**
fangen 捕える	*du* fängst *er* fängt	**fing**	finge	**gefangen**
finden 見つける		**fand**	fände	**gefunden**
fliegen 飛ぶ		**flog**	flöge	**geflogen**

不定詞	直説法現在	過去基本形	接続法第2式	過去分詞
fliehen 逃げる		**floh**	flöhe	**geflohen**
fließen 流れる		**floss**	flösse	**geflossen**
frieren 凍る		**fror**	fröre	**gefroren**
geben 与える	*du* gibst *er* gibt	**gab**	gäbe	**gegeben**
gehen 行く		**ging**	ginge	**gegangen**
gelingen 成功する		**gelang**	gelänge	**gelungen**
gelten 値する，有効である	*du* giltst *er* gilt	**galt**	gälte (gölte)	**gegolten**
genießen 享受する，楽しむ		**genoss**	genösse	**genossen**
geschehen 起こる	*es* geschieht	**geschah**	geschähe	**geschehen**
gewinnen 獲得する，勝つ		**gewann**	gewänne (gewönne)	**gewonnen**
graben 掘る	*du* gräbst *er* gräbt	**grub**	grübe	**gegraben**
greifen つかむ		**griff**	griffe	**gegriffen**
haben 持っている	*du* hast *er* hat	**hatte**	hätte	**gehabt**
halten 持って(つかんで)いる	*du* hältst *er* hält	**hielt**	hielte	**gehalten**
hängen 掛かっている		**hing**	hinge	**gehangen**
heben 持ちあげる		**hob**	höbe	**gehoben**
heißen …と呼ばれる		**hieß**	hieße	**geheißen**
helfen 助ける	*du* hilfst *er* hilft	**half**	hülfe (hälfe)	**geholfen**
kennen 知っている		**kannte**	kennte	**gekannt**
kommen 来る		**kam**	käme	**gekommen**
können …できる	*ich* kann *du* kannst *er* kann	**konnte**	könnte	**gekonnt** **können**
laden (荷を)積む	*du* lädst *er* lädt	**lud**	lüde	**geladen**
lassen …させる	*du* lässt *er* lässt	**ließ**	ließe	**gelassen**

不定詞	直説法現在	過去基本形	接続法第2式	過去分詞
laufen 走る	*du* läufst *er* läuft	**lief**	liefe	**gelaufen**
leiden 悩む，苦しむ		**litt**	litte	**gelitten**
leihen 貸す，借りる		**lieh**	liehe	**geliehen**
lesen 読む	*du* liest *er* liest	**las**	läse	**gelesen**
liegen 横たわっている		**lag**	läge	**gelegen**
lügen うそをつく		**log**	löge	**gelogen**
messen 測る	*du* misst *er* misst	**maß**	mäße	**gemessen**
mögen …かもしれない	*ich* mag *du* magst *er* mag	**mochte**	möchte	**gemocht** **mögen**
müssen …ねばならない	*ich* muss *du* musst *er* muss	**musste**	müsste	**gemusst** **müssen**
nehmen 取る	*du* nimmst *er* nimmt	**nahm**	nähme	**genommen**
nennen …と呼ぶ		**nannte**	nennte	**genannt**
raten 助言する	*du* rätst *er* rät	**riet**	riete	**geraten**
reißen 引きちぎる		**riss**	risse	**gerissen**
reiten 馬に乗る		**ritt**	ritte	**geritten**
rennen 走る		**rannte**	rennte	**gerannt**
rufen 叫ぶ，呼ぶ		**rief**	riefe	**gerufen**
schaffen 創造する		**schuf**	schüfe	**geschaffen**
scheinen 輝く，思われる		**schien**	schiene	**geschienen**
schieben 押す		**schob**	schöbe	**geschoben**
schießen 撃つ		**schoss**	schösse	**geschossen**
schlafen 眠っている	*du* schläfst *er* schläft	**schlief**	schliefe	**geschlafen**
schlagen 打つ	*du* schlägst *er* schlägt	**schlug**	schlüge	**geschlagen**
schließen 閉じる		**schloss**	schlösse	**geschlossen**

不定詞	直説法現在	過去基本形	接続法第2式	過去分詞
schmelzen 溶ける	*du* schmilzt *er* schmilzt	**schmolz**	schmölze	**geschmolzen**
schneiden 切る		**schnitt**	schnitte	**geschnitten**
schreiben 書く		**schrieb**	schriebe	**geschrieben**
schreien 叫ぶ		**schrie**	schriee	**geschrien**
schweigen 沈黙する		**schwieg**	schwiege	**geschwiegen**
schwimmen 泳ぐ		**schwamm**	schwömme （schwämme）	**geschwommen**
schwinden 消える		**schwand**	schwände	**geschwunden**
sehen 見る	*du* siehst *er* sieht	**sah**	sähe	**gesehen**
sein 在る	*ich* bin *wir* sind *du* bist *ihr* seid *er* ist *sie* sind	**war**	wäre	**gewesen**
senden 送る		**sendete** （**sandte**）	sendete	**gesendet** （**gesandt**）
singen 歌う		**sang**	sänge	**gesungen**
sinken 沈む		**sank**	sänke	**gesunken**
sitzen 座っている		**saß**	säße	**gesessen**
sollen …すべきである	*ich* soll *du* sollst *er* soll	**sollte**	sollte	**gesollt** **sollen**
spalten 割る		**spaltete**	spaltete	**gespalten**
sprechen 話す	*du* sprichst *er* spricht	**sprach**	spräche	**gesprochen**
springen 跳ぶ		**sprang**	spränge	**gesprungen**
stechen 刺す	*du* stichst *er* sticht	**stach**	stäche	**gestochen**
stehen 立っている		**stand**	stände （stünde）	**gestanden**
stehlen 盗む	*du* stiehlst *er* stiehlt	**stahl**	stähle （stöhle）	**gestohlen**
steigen 登る		**stieg**	stiege	**gestiegen**
sterben 死ぬ	*du* stirbst *er* stirbt	**starb**	stürbe	**gestorben**
stoßen 突く	*du* stößt *er* stößt	**stieß**	stieße	**gestoßen**

不定詞	直説法現在	過去基本形	接続法第2式	過去分詞
streichen なでる		**strich**	striche	**gestrichen**
streiten 争う		**stritt**	stritte	**gestritten**
tragen 運ぶ，身につける	*du* trägst *er* trägt	**trug**	trüge	**getragen**
treffen 当たる，会う	*du* triffst *er* trifft	**traf**	träfe	**getroffen**
treiben 追う		**trieb**	triebe	**getrieben**
treten 歩む，踏む	*du* trittst *er* tritt	**trat**	träte	**getreten**
trinken 飲む		**trank**	tränke	**getrunken**
tun する		**tat**	täte	**getan**
vergessen 忘れる	*du* vergisst *er* vergisst	**vergaß**	vergäße	**vergessen**
verlieren 失う		**verlor**	verlöre	**verloren**
wachsen 成長する	*du* wächst *er* wächst	**wuchs**	wüchse	**gewachsen**
waschen 洗う	*du* wäschst *er* wäscht	**wusch**	wüsche	**gewaschen**
wenden 向ける		**wendete** (**wandte**)	wendete	**gewendet** (**gewandt**)
werben 得ようと努める	*du* wirbst *er* wirbt	**warb**	würbe	**geworben**
werden (…に) なる	*du* wirst *er* wird	**wurde**	würde	**geworden**
werfen 投げる	*du* wirfst *er* wirft	**warf**	würfe	**geworfen**
wissen 知っている	*ich* weiß *du* weißt *er* weiß	**wusste**	wüsste	**gewusst**
wollen …しようと思う	*ich* will *du* willst *er* will	**wollte**	wollte	**gewollt** **wollen**
ziehen 引く，移動する		**zog**	zöge	**gezogen**
zwingen 強制する		**zwang**	zwänge	**gezwungen**

ブリュッケ
－初級ドイツ語文法・ふかくわかりやすく－

検印
省略

© 2021 年 1 月 30 日　初 版 発 行

著　者
木　下　直　也
日　中　鎮　朗
岡　本　雅　克
杉　内　有　介
小　野　間　亮　子
白　井　智　美
Jens Ostwald

発行者　　　　原　　　雅　久
発行所　　　　株式会社　朝 日 出 版 社

101-0065　東京都千代田区西神田 3-3-5
電話直通　(03) 3239-0271/72
振替口座　00140-2-46008
http://www.asahipress.com/

組　版　　　　有限会社ファースト
印　刷　　　　信毎書籍印刷株式会社